Jean-Georges Le Franc de Pompignan

ÉVÊQUE DU PUY, ARCHEVÊQUE DE VIENNE

1715-1790

CONFÉRENCES FAITES LE 13 ET LE 20 FÉVRIER 1903

aux Facultés Catholiques de Lyon

PAR

L'Abbé Claude BOUVIER

PROFESSEUR A L'ÉCOLE SAINT-MAURICE DE VIENNE

PARIS

ALPHONSE PICARD & FILS, ÉDITEURS

82, rue Bonaparte, 82

1903

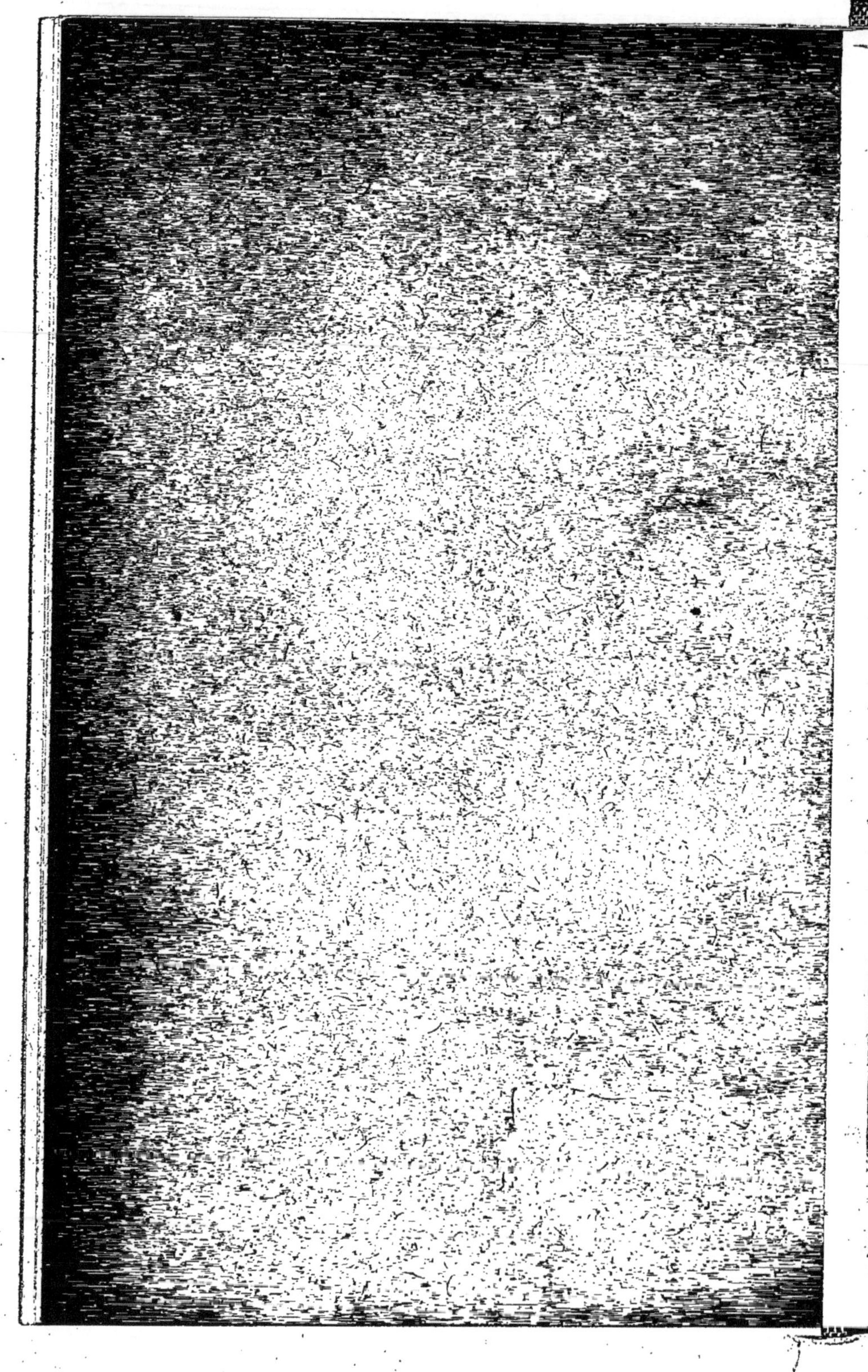

JEAN-GEORGES LE FRANC DE POMPIGNAN

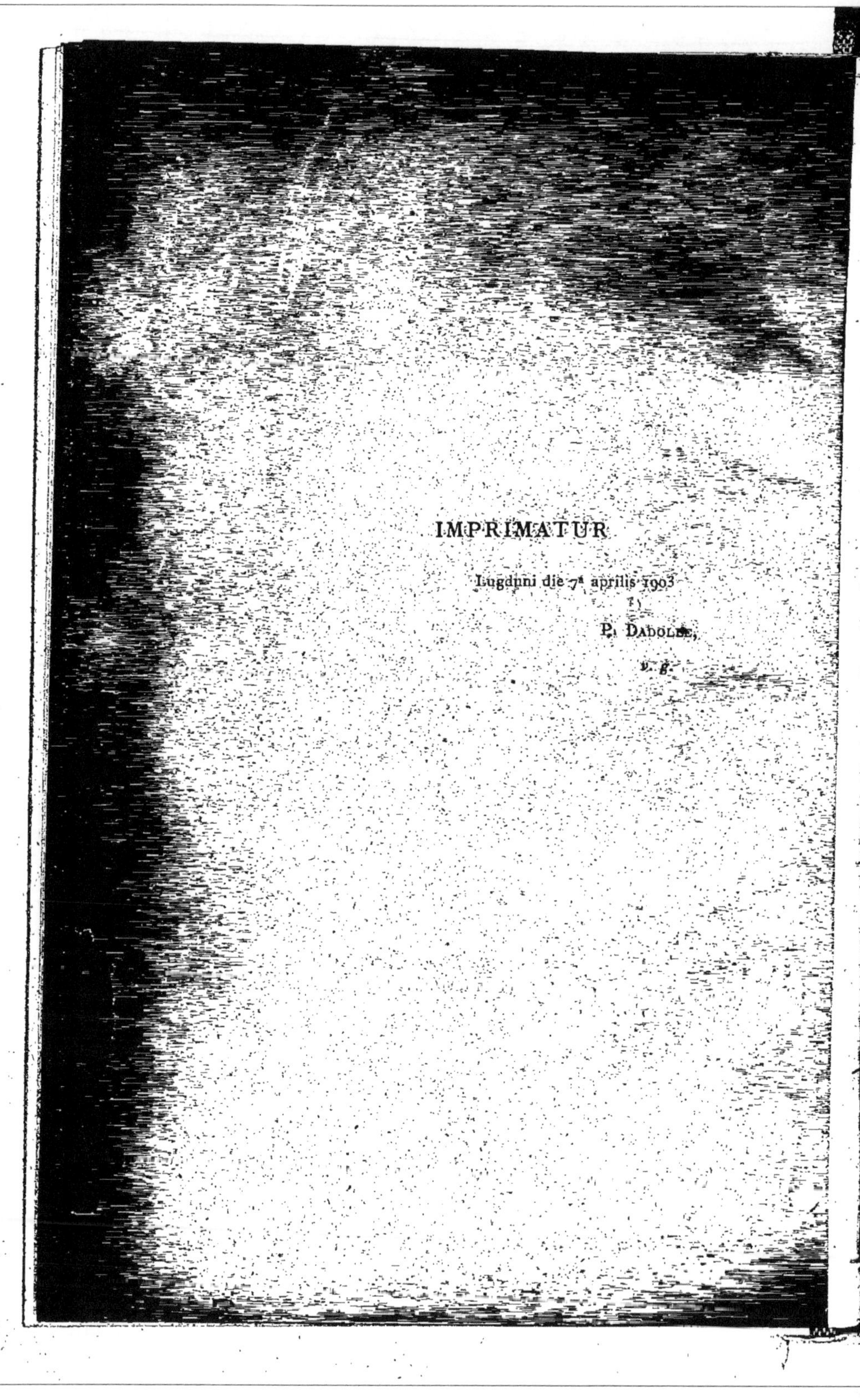

IMPRIMATUR

Lugduni die 7ª aprilis 1903

P. DADOLLE,

v. g.

PORTRAIT

DE

JEAN-GEORGES LE FRANC DE POMPIGNAN

(D'après une peinture conservée à l'Hôpital général du Puy)

Jean-Georges Le Franc de Pompignan

ÉVÊQUE DU PUY, ARCHEVÊQUE DE VIENNE

1715-1790

CONFÉRENCES FAITES LE 13 ET LE 20 FÉVRIER 1903

aux Facultés Catholiques de Lyon

PAR

L'Abbé Claude BOUVIER

PROFESSEUR A L'ÉCOLE SAINT-MAURICE DE VIENNE

LYON

IMPRIMERIE EMMANUEL VITTE

18, rue de la Quarantaine, 18.

1903

AVIS AU LECTEUR

Cette étude se compose de deux conférences données le 13 et le 20 février 1903 à l'Université catholique de Lyon, où Mgr le Recteur leur avait très libéralement offert une hospitalité dont l'auteur garde un reconnaissant souvenir.

En les publiant aujourd'hui il n'a pas cru devoir modifier la forme sous laquelle primitivement elles furent conçues et rédigées. Sera-ce une suffisante excuse aux yeux du lecteur qui s'étonnerait de ne pas y trouver, à titre de contribution à l'histoire du Velay et du Dauphiné, une biogragraphie complète de Jean-Georges Le Franc de Pompignan? Peut-être. Car il a bien fallu, pour assigner à ce travail d'exactes limites, envisager la carrière et l'œuvre du prélat à un point de vue unique, tout en choisissant ce point de vue aussi large que possible et en attribuant au mot apologiste son sens le plus étendu.

C'est ainsi que, des deux épiscopats de Pompignan au Puy et à Vienne, on n'a voulu tirer que les détails strictement nécessaires pour expliquer son rôle dans l'histoire générale de l'Eglise au XVIIIe siècle.

Ce rôle a été, en effet, assez considérable pour que sa mémoire ne puisse être condamnée à l'oubli. Sans doute il y aurait quelque exagération à retracer sa Vie dans un gros volume, mais la trop brève notice que M. Emery lui consacrait à la fin de 1802, en guise de préface aux Lettres à un évêque, ne contient pas non plus le dernier mot de l'histoire à son sujet.

Qui ne voit, d'ailleurs, qu'il serait très imprudent de se borner pour chaque période à étudier les personnages qui ont brillé tout à fait au premier plan ou laissé d'exceptionnelles preuves de leur génie, de leur vertu ou de leur influence? Ceux-là ne sont pas les seuls à représenter leur témps. Pour être vraiment objective, l'histoire doit tenir compte aussi dans une large mesure de tous les efforts individuels, dès qu'ils sont sérieux et sincères, dès qu'ils révèlent l'état des esprits, la trempe des caractères, les aspirations des cœurs, dès qu'ils contribuent surtout à la marche normale des idées et des événements : c'est la moyenne de ces tendances qui donne souvent à chaque époque sa physionomie propre.

Pompignan, ne fût-ce que de ce chef, mérite assurément d'être observé d'assez près. Il le mérite aussi, on le verra, à plusieurs autres titres. — Et c'est pourquoi, à défaut d'une monographie détaillée — inutile ici, — on s'est efforcé de présenter un essai de documentation, du moins sous forme de notes et d'Appendices. Le lecteur sera contraint de regarder assez souvent au bas des pages : puisse-t-il n'avoir pas trop à s'en plaindre !

Au cours de ce modeste travail, l'auteur a doucement éprouvé combien il fait bon être soutenu et aidé.

Persuadé de l'insuffisance de ses recherches et du peu d'avantage qu'il trouverait à les poursuivre, il n'avait plus ni l'intention ni le loisir d'en tirer le moindre profit, quand M. Devaux, doyen de la Faculté catholique des Lettres de Lyon et vicaire général honoraire de Grenoble, lui a conseillé le premier, avec une indulgente insistance, d'utiliser les notes déjà prises. L'auteur ne pouvait espérer ni de meilleur encouragement ni des avis plus éclairés que ceux du savant Doyen. Mais il considère comme un très agréable devoir d'offrir aussi l'expression collective de sa gratitude à tous ceux qui — de tout près comme de très loin — lui ont apporté leur concours.

Parmi eux, il remercie spécialement M. H. de Terrebasse et M. le marquis G. Le Franc de Pompignan pour le prêt de certaines pièces manuscrites et de rares éditions de quelques opuscules du prélat, ainsi que M. l'abbé Mercier, pour la communication des Archives du monastère de la Visitation du Puy et l'envoi d'un grand nombre de renseignements qui sont venus compléter fort à propos une première récolte faite autrefois aux Archives de la Haute-Loire et de la ville du Puy.

Enfin, M. Lévesque, le docte éditeur du second traité de l'Instruction sur les Etats d'oraison de Bossuet, a bien voulu, sur la demande qui lui en a été adressée, faire ouvrir les dossiers de M. Emery que l'on conserve à la bibliothèque du séminaire de Saint-Sulpice. Et M. l'abbé Venard a eu l'obligeance de transcrire ou d'analyser une partie notable des documents relatifs à Pompignan qui s'y trouvent contenus.

A raison de leur importance, on a de nouveau classé méthodiquement, résumé ou cité ces documents dans un Appendice spécial, placé à la fin de ce travail, à la suite de la liste des ouvrages de Le Franc de Pompignan.

JEAN-GEORGES LE FRANC DE POMPIGNAN

1715-1790

MESSIEURS,

Si le nom de Jean-Georges Le Franc (1) de Pompignan, ancien évêque du Puy, archevêque de Vienne, et dernier ministre de la Feuille des bénéfices sous Louis XVI (2), est quelquefois parvenu jusqu'à vous, il serait difficile que vous ne l'eussiez pas aperçu à travers une enveloppe de ridicule.

Le personnage mérite autre chose cependant que l'ironie de Voltaire, s'il est vrai qu'il ait été mêlé d'assez près au mouvement des idées et à l'histoire de l'Eglise de

---

(1) Nous adoptons l'orthographe : *Le Franc* de Pompignan qui est celle de d'HOZIER et du prélat, dans plusieurs de ses mandements, quoiqu'on rencontre aussi : *Lefranc*, dans d'autres pièces officielles, et que ce soit l'orthographe reçue par MIGNE, dans l'édition en 2 vol. in-4° qu'il a donnée en 1855 des *Œuvres complètes*.

(2) Voici les dates principales de la vie de Le Franc de Pompignan : Il est né à Montauban, le 22 février 1715 (l'*Armorial général* de d'HOZIER donne cette date d'après l'acte de baptême, Reg. X, p. 12). Il est nommé évêque du Puy le 24 décembre 1742, sacré le 11 août 1743, fait abbé de Saint-Chaffre en 1747. Quand il fut nommé à l'archevêché de Vienne (son installation eut lieu le 27 septembre 1774), le roi unit l'abbaye de Saint-Chaffre au siège de Vienne. Le prélat fut encore président de l'Assemblée nationale du 4 au 19 juillet 1789. Le 4 août 1789, il fut appelé par Louis XVI dans son conseil, comme ministre de la Feuille. Il mourut enfin à Paris, sur la paroisse de Saint-Sulpice, le 29 décembre 1790. — La plupart de ces dates sont empruntées soit à l'*Armorial général*, soit aux diverses notices qu'on

France au xviiie siècle, et si l'on peut dire qu'il compte au premier rang parmi les défenseurs de la foi, dans un siècle qu'on a trop accusé de ne s'être pas suffisamment défendu.

Défenseur de la foi ! De tous les titres dont on l'a chargé vivant, de tous ceux qu'une postérité clémente pourrait lui décerner à distance, nous ne retiendrons aujourd'hui que celui-là, par quoi il a gagné la reconnaissance des catholiques de son temps.

Sous quel nom plus avantageux pourrait-il se présenter à vous, Messieurs, qui attendez qu'on vous apporte de lui, non pas un panégyrique, mais tout simplement une appréciation équitable ?

Ce n'est pas qu'on ne puisse l'étudier en se plaçant à d'autres points de vue.

Evêque, par exemple, il a rempli modestement et laborieusement sa tâche. Mais d'autres — tel Mgr d'Orléans de la Motte qui fut son modèle avant d'être son ami et de rester son conseiller — ont apporté autant de vertus et de mérites sur un siège épiscopal (1). — Orateur, on connaît

a sur le prélat, et dont les deux plus importantes sont celles de M. EMERY et de PICOT. M. Emery a publié la sienne en 1802, sous forme de *Discours préliminaire*, en tête des *Lettres à un évêque sur divers points de morale et de discipline* concernant l'épiscopat, œuvre inédite de Pompignan qui lui avait été remise par M. Dupinet, chanoine de Notre-Dame de Paris. Cette première notice, quoique assez courte (elle occupe à peine 18 colonnes de l'édition MIGNE), a servi de base à toutes les autres biographies fort sommaires du prélat qu'on a publiées depuis 1802, par exemple à celle de COLLOMBET, dans l'*Histoire de la sainte Eglise de Vienne*, t. III, 1847. — Il faut toutefois faire une mention à part de l'article de PICOT dans la *Biographie Michaud*, parce qu'il est aussi précis que concis, et ajoute quelques détails à ceux que donne M. Emery. — D'ailleurs la notice de M. Emery fut, dès 1802, tirée à part, à quelques exemplaires. Elle occupe ainsi 70 pp. du t. I des *Lettres à un évêque* (Société typographique, Paris, an X). M. H. de Terrebasse en possède un exemplaire.

(1) Cf. les *Mémoires en formes de lettres sur Mgr Louis-François d'Orléans de la Motte*, évêque d'Amiens, par l'abbé d'ARGNIES, 3 vol., Paris, 1843. — Les relations de Le Franc de Pompignan avec M. de la Motte sont affirmées par EMERY (MIGNE, Œuvres, I, 13), et par une lettre inédite du prélat à l'abbé Dupinet : «... Je vous veux mille grâces, ainsi qu'à M. l'évêque d'Amiens. Tout ce qui rappelle l'esprit de son illustre et saint prédécesseur a les droits les plus forts sur ma curiosité et sur mon respect... » Lettre datée de Saint-Vallier, 19 avril [1781] conservée à la bibliothèque de Saint-Sulpice (*B. S. S.*), fonds DUPINET.

bien de lui deux oraisons funèbres solennelles, notamment
celle de la reine Marie Leckzinska, qu'il prononça peut-
être à la prière de Madame Louise. Mais il paraît, en
somme, avoir occupé une place assez effacée dans la chaire
chrétienne; ses sermons n'ont pas été retrouvés (1); on peut
donc l'omettre, et, de fait, on l'omet, sans que cela constitue
une lacune, dans la liste des prédicateurs du XVIIIe siècle : il
est à croire que ses contemporains n'ont pas vu la vive
flamme de l'éloquence luire davantage à travers ses com-
positions froides et compassées que sur son visage placide
et peu expressif (2). — Politique, nous aurons à le dire, il
n'a guère réussi, malgré la douceur de son caractère et la
droiture de ses intentions.

Bref, c'est à titre d'apologiste, — et parce qu'il a eu comme
tel, un des premiers, une des premières places, parce qu'il
l'a occupée assez longtemps, assez honorablement, malgré
les conditions dans lesquelles il a dû se livrer à son dur
travail, malgré les imperfections de son œuvre, malgré les
attaques et les railleries dont il a été l'objet, — oui, c'est

(1) Nous savons cependant que son ancien vicaire général, M. de
Grésolles, qui habitait Rome en 1802, possédait « ses sermons, ses
homélies et autres écrits semblables ». (*B. S. S.*, fonds ÉMERY, lettre
de l'abbé Pichot, ancien secrétaire de Pompignan, à M. Emery,
14 mars 1802; d'après une autre lettre du 10 mars 1802, adressée de
Monistrol, à M. Emery, par M. Mazard, c'est à Paris, en 1790, que
M. de Grésolles aurait reçu ce dépôt, dont il nous a été impossible de
retrouver la trace). — D'autre part, les *Archives du monastère de
la Visitation* du Puy, conservent le plan abrégé des panégyriques
qu'il prononça dans cette communauté, en 1752, pour la béatification,
et, en 1769, pour la canonisation de sainte J. Fr. de Chantal.

(2) Nous en jugeons ici d'après un portrait dû au graveur en taille
douce SERGENT (1751-1847), portrait où l'archevêque déjà vieux a « la
large face carrée et les grosses joues pendantes d'un tranquille prieur
de monastère. » (H. GAUTIER, *L'an 1789*, Paris, 1889, p. 252).
Parmi les autres portraits du prélat dont nous connaissons l'existence, il faut citer une gravure assez imparfaite qui se trouve dans la
collection de M. l'archiviste départemental de la Haute-Loire. — Il
existe, au Puy, plusieurs peintures à l'huile représentant Mgr de Pompignan : l'une à l'Hôpital général qui compte cet évêque parmi ses
bienfaiteurs; l'autre au grand séminaire; l'autre au couvent de l'Instruction; une quatrième, probablement une copie, à l'Evêché (communication de M. l'abbé Mercier). — M. Rostaing, de Vienne, nous
signale un autre portrait, actuellement à Moras, chez M. Alcime
Revol qui l'a eu, par succession, de l'abbé de Terrenoire (chanoine
de Vienne qui avait passé à Rome les années de la Révolution).

bien à titre d'apologiste qu'il se recommande encore aujourd'hui à votre attention.

A ce rôle, tout semble le prédestiner.

Sa race (1) : il appartient à une famille de clercs, de soldats et de magistrats, qui lui lègue tout un passé de gravité réfléchie, de piété et de courage.

Son éducation : il a pour maître, au collège Louis-le-Grand, le P. Porée, un rhéteur brûlant de zèle, un rhéteur-apôtre, qui n'a qu'un tort, peut-être, celui de confondre — comme le fera parfois son disciple — l'enseignement de la religion avec celui de la morale (2).

Sa formation ecclésiastique : elle se poursuit en Sorbonne où il acquiert, nous le savons au moins par les thèses qu'il y soutint (3), une forte dose de théologie clas-

(1) Le père de Jean-Georges, Jaques Le Franc (1672-1719), était président de la cour des aides et finances de Montauban, il avait épousé Marie de Caulet († 1756), fille de Guillaume de Caulet et d'Anne de Noël. — Parmi les enfants nés de cette union, outre le marquis-poète Jean-Jacques et l'évêque, on compte trois officiers qui servent dans les armées du roi, suivant en cela une tradition qui remonte aux lointaines origines de la famille. D'Hozier, s'appuyant sans doute sur les pièces produites lors du jugement de maintenue de noblesse rendu en faveur des Le Franc en 1675 et en 1677, les rattache à ce Bertrand du Franc, que Froissart représente combattant à Cocherel, à la tête de ses Navarrais et de ses Gascons, sous les ordres du captal de Buch.

(2) Cf. *Le Père Charles Porée, S. J.*, 1676-1741, par J. de la Servière, Paris, 1899, ch. VIII, pp. 350-358, et notre article bibliographique sur ce livre dans l'*Université catholique* du 15 octobre 1900, pp. 307-314. Au sixième de ses entretiens sur la formation de l'orateur, Porée explique que la vérité des mystères n'a pas besoin de cet appareil de preuves qui est bien plutôt « propre à faire naître au cœur des inquiétudes ou des doutes indiscrets ». Inutile de dire que Pompignan ne partage pas sur ce point, l'opinion de son maître, et n'éprouve aucune timidité devant les démonstrations religieuses. En 1763, à la fin de son *Instruction pastorale*, sur la *Prétendue philosophie*, il écrit aux fidèles de son diocèse : « Les précautions qu'on a quelquefois jugées utiles ne sont plus de saison. »

(3) Dans un recueil de thèses soutenues en Sorbonne (*B. S. S.*), on possède les thèses de licence et de doctorat de Le Franc de Pompignan. — Les premières sont manuscrites, de la main du prélat sans doute, et occupent une page in-folio : c'est un résumé de toutes les questions théologiques sur la foi, l'espérance et la charité (8 juillet 1738). Les autres *pro expectativâ*, *pro actu vesperiârum*, sont imprimées, et portent sur Dieu, ses attributs, sur le traité de la Trinité; sur diverses questions d'Ecriture sainte, de morale et de droit canonique : simonie, bénéfices, censures, etc... (9 avril 1742). Le lendemain, 10 avril, Le Franc préside à la soutenance de Pierre la Houde

sique, — et à Saint-Sulpice, où M. Couturier, démêlant ses
aptitudes au gouvernement des âmes, mais aussi sa vigueur
intellectuelle, le désigne (1) pour l'épiscopat au cardinal de
Fleury, « presque au sortir de sa licence (2) ».

Enfin, sa première relation d'étude est, à elle seule, significative : il devient l'ami du P. de Tournemine (3), après
avoir été son élève à Louis-le-Grand, et, dès 1739, c'est lui
qui édite dans le *Mercure* de France la deuxième partie de
la dissertation de son ancien maître sur le passage de l'historien Josèphe touchant Jésus-Christ (4).

Aussi, lorsque Jean-Georges Le Franc de Pompignan
est nommé à vingt-huit ans évêque du Puy, entre tous les
ministères qui lui sont dévolus, c'est celui de l'enseignement qui a ses préférences. Est-ce pour s'y préparer davantage que, pendant huit ans encore, il garde un silence à
peu près absolu ? Peut-être. En tout cas, l'heure venue de
parler et d'écrire, il se sent prêt à commencer sa carrière
d'apologiste.

de Chemery, « præside J. G. Le Franc de P., sacræ Facultatis Parisiensis doctore theologo, socio sorbonico, tum primum laureâ docto-
rali donato. » Pour président de thèse, Pompignan avait eu Jean-Natal
Gaillande, principal du collège du Plessis, dont la direction intellectuelle était alors acceptée de plusieurs, à la Sorbonne, et notamment
de Le Franc. (Cf. *Nouvelles ecclésiastiques*, 1771, p. 118.)
  (1) Cf. Picot, biographie Michaud. — Les *Nouvelles ecclésiastiques*
ne manquent pas d'interpréter défavorablement cette désignation :
« ... Mais il (Le Franc) l'abandonna dans la suite (la direction de
M. Gaillande), s'étant apperçu que, si M. Gaillande avait l'oreille de
M. le cardinal de Fleury pour obtenir des lettres de cachet à force
d'importunités, il n'avait néanmoins aucune part à la distribution des
bénéfices ; et que c'était M. Couturier, supérieur de Saint-Sulpice, qui,
sur cet article, avait la confiance entière de son Eminence. M. de
Pompignan se mit donc sous la conduite de M. Couturier et alla faire
sous ses yeux une retraite à Issy. Le directeur, enchanté de son péni-
tent, donna une si grande idée de sa ferveur au cardinal ministre, que
cette Eminence, sentant sa fin approcher, se hâta de le nommer à
l'évêché du Puy. » *Nouv. eccl.*, 1771, 24 juillet. — Sur M. Couturier,
et son rôle, cf. l'appréciation assez méchante des *Mémoires* de Tal-
leyrand, Paris, 1891, et celle, beaucoup plus bienveillante et, semble-t-il, plus juste, de Gosselin, dans la *Vie de M. Emery*, Paris,
1862, t. I, *Introd.*, pp. 75-76.
  (2) Cette expression est employée par Emery, Picot, Collombet :
on a vu par les dates données plus haut combien elle est exacte.
  (3) Cf. Emery, dans Migne, I, 13.
  (4) Cf. Quérard, *France littéraire*, t. V, art. Le Franc de Pompignan (Jean-Georges).

Ce sont les phases de cette carrière qu'il nous faut rappeler tout d'abord avec quelque développement. Puis, les livres de Pompignan une fois connus, nous nous demanderons à travers quelles conditions de vie ils ont été conçus et exécutés. — Ce sera préparer la dernière partie de ce travail où, après avoir signalé les lacunes de l'œuvre, les défauts de l'ouvrier, raconté les luttes qu'il eut à subir, nous aurons à nous demander — grave problème — s'il a été jusqu'au bout fidèle à ses principes.

Certes, ce sera retenir longtemps votre attention sur un personnage dont le souvenir est passablement effacé, depuis la notice que M. Emery lui consacrait — il y a tout juste un siècle — en 1802. Mais s'il fallait une excuse à cette indiscrétion, nous la trouverions, Messieurs, dans votre indulgence.

I

LES TRAVAUX DE L'APOLOGISTE

Ce qui vous frapperait d'abord, si vous étudiiez, dans son ensemble ou dans ses détails, son œuvre un peu touffue, c'est le souci qu'il eut continuellement de répondre aux aspirations des esprits les plus mobiles qui furent peut-être jamais. Est-ce à cause de cela qu'il dirige presque toujours son effort, non point sans doute au hasard, mais de plusieurs côtés à la fois? On peut le croire. En tout cas, son mérite — et peut-être que la chose vaut d'être notée, et qu'on n'en pourrait dire autant de tous les apologistes, — c'est d'arriver à l'heure. Sa tactique étant des plus simples et des plus franches, on en saisit aisément l'esprit général : c'est de chercher l'ennemi, sur le terrain qu'il occupe, et, soit qu'il s'y démasque, soit qu'il s'y dissimule, de le combattre à front découvert.

La preuve en sera qu'à l'aide des seuls écrits de Pompignan, tant ils arrivent à point voulu, vous pourriez reconstituer, sans qu'il s'y glisse de trop grosses lacunes, l'histoire de l'incrédulité en France de 1750 environ jusque vers 1775, et par là même contrôler indirectement le tableau que Taine a tracé des envahissements de l'irréligion vers le milieu du xviiie siècle (1). Seulement, au lieu de considérer ces progrès avec les yeux indulgents des philosophes, des économistes, des politiques, des voyageurs, des simples curieux, c'est d'un regard inquiet et troublé que

(1) TAINE, *Origines de la France contemporaine*, I, pp. 375-388, *passim*.

vous l'observeriez, guidé par cet évêque qui considère le maintien de la foi comme l'œuvre la plus haute de son ministère.

Et, par conséquent, vous verriez les choses comme elles doivent être vues, comme Taine lui-même les apercevait à travers tous les témoignages qu'il sollicite de spectateurs amusés ou indifférents, c'est-à-dire sous des couleurs assez noires, dans toute leur tristesse réelle. Ce n'est pas qu'au milieu même de ses appréhensions ou de ses plaintes, Pompignan ne conserve une sérénité qui parfois exaspère, une vigueur d'optimisme que peuvent seuls expliquer ou de persistants efforts de la volonté ou des illusions tenaces; il en dit assez toutefois pour que son témoignage corrobore celui de ses contemporains : à dater de 1750, l'incrédulité n'a pas seulement repris de plus belle sa marche en avant, mais elle double les étapes, et le moment approche où, dans le champ de la pensée qu'elle ravage, elle ne laissera plus aucune croyance, aucune vérité debout.

Le 18 décembre 1751 — retenez la date — le marquis d'Argenson note dans son *Journal* : « Le peuple de France « n'est pas seulement déchaîné contre la royauté; la phi- « losophie et presque tous les gens d'étude et de bel esprit « se déchaînent contre notre sainte religion... Ce vent « d'anti-monarchisme et d'anti-révélation nous a soufflé « d'Angleterre, et, comme le Français enchérit toujours « sur les étrangers, il va plus loin et plus effrontément « dans les carrières d'effronterie (1). »

Or, cette constatation coïncide précisément avec l'apparition du premier ouvrage de Le Franc de Pompignan. Jusque-là, volontairement confiné dans ses fonctions, le jeune évêque n'avait guère mis le public dans la confidence de ses travaux. Maintenant il ne se croit plus autorisé à garder pour son seul troupeau les trésors de doctrine qu'il amasse patiemment, au fond de son palais épiscopal; et son

(1) Cf. le même *Journal* du marquis d'ARGENSON, à d'autres dates de l'année 1751, par ex., 3 et 11 septembre, 21 novembre.

palais épiscopal, c'est alors le grand séminaire qui est par destination une retraite, une maison de prière et d'étude (1). — Justement, il vient de s'essayer à la controverse dans une *Instruction pastorale aux nouveaux convertis* de son diocèse. Si M. Emery exagérait quand il a déclaré plus tard qu'on ne saurait « dans tous les temps et dans tous les pays » rien mettre de plus convenable entre les mains d'un protestant qu'on chercherait à désabuser, il n'exagérait plus en ajoutant que le morceau tout entier est un « modèle de clarté et de modération » (2). Car ce morceau donne à prévoir que la même méthode pourrait être appliquée par son auteur à des questions plus générales, dès que l'occasion s'en présentera. Et elle se présente la même année. Les cinq *Questions sur l'Incrédulité* sont, en effet, de 1751.

Y a-t-il beaucoup d'incrédules? se demande d'abord Pompignan. Quand on se rappelle les réflexions du marquis d'Argenson, et si l'on songe que les premiers volumes de l'Encyclopédie commencent à se répandre, la réponse paraît superflue. Contentons-nous d'observer qu'elle ne saurait l'être aux yeux de l'apologiste. Il lui importe souverainement de n'exagérer ni le nombre ni l'autorité, ni le crédit de ceux qu'il combat. Dans cette France de Louis XV où chacun a l'œil fixé sur les convictions de son voisin, où l'opinion devient reine et maîtresse en matière de science, de foi, comme en matière politique, il y a un intérêt particulier à ne pas laisser les esprits s'égarer sur de fausses apparences. C'est pourquoi, tout alarmé qu'il est, Pompignan déchire cette statistique menteuse qui grossit le péril en le montrant confusément et comme d'un seul bloc.

(1) Dans une délibération de mars 1744, contenue aux *Archives de l'Hôpital général du Puy*, Mgr de Pompignan est signalé comme ayant habité quelque temps une maison située près de la porte de Gouteyron : la tradition explique ainsi qu'on appelle encore « jardin de l'évêque » la petite place plantée d'arbres qui s'y trouve. On ne sait pourquoi le palais épiscopal demeurait alors inoccupé. — En 1749, on voit qu'il loge, passagèrement peut-être, au séminaire (minutes du notaire Assézat).

(2) EMERY, dans MIGNE, I, 20.

— Non! affirme-t-il, il n'y a pas autant d'incrédules qu'on le dit et qu'il y paraît. — Et, là dessus Voltaire et, après lui, l'éditeur de Kehl de s'amuser aux dépens de l'évêque du Puy et de son livre (1) « où il prouve qu'il n'y a pas d'incrédules, et ensuite que les incrédules sont dangereux ». Il est certain que Pompignan procède à des retranchements étranges : par exemple il dénie aux athées non seulement le nom d'incrédules, mais jusqu'à la possibilité de le devenir, et cela, sans doute, au nom de son cartésianisme intransigeant qui lui représente l'idée de Dieu comme liée à l'existence même de l'esprit d'où rien ne l'arrache. Mais, quoi qu'en dise Voltaire, il n'essaie pas le moins du monde de lutter contre l'évidence.

Il tient seulement à séparer les mondains, les oisifs, les indifférents, les pervers, tous les *incrédules de désir*, du petit groupe de ceux qui travaillent, lisent, méditent, et dont l'incrédulité plus réelle, plus sincère, est aussi plus « incurable ». Aux premiers qui forment le groupe le plus considérable, et sans doute aussi le plus bruyant, puisqu'il se réclame à l'occasion du « bel esprit » et de la mode, l'évêque dévoile sans réticence la trouble origine de leur éloignement pour la foi. Dans une série d'analyses morales qui ne manquent pas de vigueur, et où il se garde — c'est lui qui l'affirme — d'introduire les procédés de la géométrie, il demande à quel âge de leur vie s'est déclaré leur mal, par quels signes il a fallu noter chacun de ses progrès, quelle conduite ils ont tenue à l'instant précis de leur passage à l'incroyance. Et après leur avoir fait toucher du doigt que, d'ordinaire, ils étaient jeunes au temps de la crise (2), qu'ils avaient au fond de l'âme un cœur plus

______

(1) *Œuvres* de Voltaire, édition Desoer, 1817, t. VIII, p. 496, en note. (Nous citerons d'ordinaire cette édition qui est à notre portée, sauf dans quelques cas où un contrôle plus minutieux du texte et des dates s'imposera).—Cf. aussi *Correspondance*, lettre du 24 février 1759 à d'Alembert.

(2) Migne, *Œuvres complètes*, I, 339 et sq. — Le texte de Migne étant établi d'après les éditions originales de Le Franc de Pompignan, il sera plus commode d'y renvoyer le lecteur. Pour le détail des éditions, il sera bien de consulter l'*Appendice A* où se trouve la liste des œuvres de Pompignan.

rebelle que l'esprit, qu'avant d'ébranler leur créance aux mystères les plus inaccessibles, le doute avait commencé par effleurer les dogmes qui, sans souffrir autant de difficultés, gênaient davantage leurs passions, il conclut que leur cas ne relève que de la conscience, non de la raison (1). La raison ! Si désormais elle vient à leur aide, ce sera comme « un orateur mercenaire » (2), chargé de trouver des arguments au profit d'une mauvaise cause. — Quant aux incrédules chez qui l'absence de foi résulte d'une erreur ou d'un malaise de l'intelligence, Pompignan répète que l'espèce en est rare, et il faut l'en croire, puisque, deux ans plus tard, d'Argenson, tout en présageant sans trop d'ennui la ruine de la religion, constate que les opinions philosophiques ne se rencontrent guère à Paris que chez une centaine d'individus (3).

Mais ceux-là, aux yeux de l'apologiste, comptent beaucoup plus qu'il ne se l'avoue à lui-même. Aussi ne se borne-t-il point à leur contester le titre d'esprits forts, à critiquer l'orgueil de leur vaine science, l'éloignement qu'ils professent pour les opinions communes (4), leur paresse à examiner et à « prononcer » (5) — nous dirions aujourd'hui : à savoir conclure, — il tient à discuter avec eux. A le lire, vous croiriez, il est vrai, qu'il veut les confondre plus que les désabuser, et qu'à cette tâche hautaine il apporte plus de condescendance que de commisération (6). Si vous songez toutefois aux hardiesses, aux insolences de l'impiété qui triomphe alors de sa récente émancipation, ce ton ne vous choquera plus, et vous éprouverez, tout au contraire, le sentiment que l'évêque a voulu discourir fortement de la vérité religieuse, qu'il ne se croit pas réduit à mendier pour elle par des insinuations, des concessions de langage, la place qu'elle possède, en somme, et qu'on

(1) Migne, I, 337.
(2) *Ibid.*, 340.
(3) *Journal* du marquis d'Argenson, 19 mai 1753.
(4) Migne, I, 349.
(5) *Ibid.*, 359.
(6) *Ibid.*, 327 et 369-396, *passim.*

commence à peine de lui disputer. Il n'y a point de forfan-
terie dans cette attitude, mais seulement de la dignité,
une dignité qui s'allie sans peine avec les inspirations du
zèle, car c'est une charité, la première des charités à faire
à des adversaires trop pleins d'eux-mêmes, trop confiants
dans leur force, que de ne point tenir compte de leur
arrogance. — Du reste, cela n'empêche aucunement Pompignan de leur promettre beaucoup de modération et de
leur en donner l'exemple. Soit qu'il désigne à mots couverts
certains écrivains comme responsables du mal qui grandit,
soit qu'il rattache l'incrédulité de son temps au scepti-
cisme déjà lointain de Bayle, comme à sa cause première,
il distingue soigneusement la doctrine de la personne de
ceux qu'il attaque, et s'efforce de rapporter avec scrupule
leurs objections (1). Il va même jusqu'à rectifier, quand
elle leur est défavorable, telle opinion qui a cours à leur
sujet, jusqu'à plaider en passant leur cause contre des
ennemis injustes : c'est ce qu'il fait pour Bayle contre
Jurieu (2).

Observez que ce n'est pas seulement à distance que nous
jugeons ainsi de son esprit de douceur et de justice. Il y a,
dans l'œuvre de Pompignan, un monument curieux de
l'estime de ses contemporains pour les procédés qu'il emploie. C'est un petit écrit, paru quelques années après les
Questions diverses sur l'incrédulité, avec ce titre : *Controverse pacifique sur l'Autorité de l'Eglise*, ou *Lettres de
M. D. C. à M. l'Évêque du Puy avec les réponses de ce
prélat* (3). Sous ces initiales mystérieuses D. C. se cachait,
paraît-il, le nom d'un savant de Genève (4) qui avait voulu
discuter avec l'évêque sur ce point particulier : Comment
la foi des enfants et des adultes peut-elle être ferme et
raisonnable ? Dans ses réponses, Pompignan ne fait

(1) MIGNE, I, 376-377.
(2) *Ibid.*, 389.
(3) Ecrit en 1755 et en 1756, publié seulement l'année suivante.
(4) QUÉRARD, *France littéraire*, art. Pompignan, indique Des Certolz (ministre protestant), en ajoutant, d'après GRILLET, t. I, p. 276,
que c'est le « masque sous lequel s'est caché François Favre, chanoine
de la cathédrale de Genève. »

qu'occuper ou défendre les positions déjà tenues par Bossuet dont on lui demande en vain le sacrifice. Ce n'est pas, au surplus, l'objet trop spécial de cette controverse qui mérite de nous arrêter ici ; c'est plutôt la façon dont elle s'est engagée et dont elle s'est conclue. Elle s'est engagée parce que le ministre protestant, ayant eu connaissance des *Questions diverses*, s'est rangé franchement au nombre des « admirateurs de ce beau livre », tant il y a trouvé de raison et de sagesse ; parce qu'il a été curieux de savoir si l'évêque serait jusqu'au bout, et dans la pratique, fidèle aux justes idées qu'il propose, en particulier sur la part de la raison dans l'acte de foi ; enfin parce qu'il entendait, disait-il (1), présenter ses difficultés « au prélat de France le plus en état de les résoudre ». Après deux échanges de lettres d'ailleurs assez étendues, le débat eut une fin soudaine, inexpliquée. Il importe, à l'honneur de l'évêque du Puy, de noter le bruit qui se répandit, et dont M. Emery s'est fait l'écho : « On dit que le consistoire de Genève, craignant les suites de cette controverse, défendit au ministre de la pousser plus loin (2) ».

*
* *

Tandis que la lutte cesse de ce côté faute de combattants, de l'autre, du côté des jansénistes et des parlementaires, du côté des philosophes, elle a repris ou va reprendre de plus belle. Pendant les six années qui s'écoulent entre la publication des *Questions* et celle de la correspondance dont on vient de parler, de 1751 à 1757, Pompignan, fidèle à sa méthode qui est d'aller toujours au plus pressé, compose deux écrits de circonstance où l'on peut admirer, comme un aspect nouveau de son talent, l'étonnante diversité et l'étendue de ses compétences.

(1) MIGNE, I, 437.
(2) EMERY dans MIGNE, I, 21.

Et d'abord, après les troubles survenus à Paris et dans les provinces, dès 1752, à l'occasion du refus des sacrements à ceux qui ne reçoivent pas la bulle *Unigenitus* comme règle de foi, après la première phase de la guerre entre le Parlement qui appelle cette affaire d'ordre spirituel à son tribunal, et l'archevêque de Paris, Christophe de Beaumont, qui maintient avec force, rudement même, les droits de l'autorité ecclésiastique, après l'intervention stérile de la royauté dans le conflit, le schisme menaçait d'éclater de nouveau en France (1). Or, en 1753, au moment le plus aigu de la lutte, quand les archers dispersent, à la demande de l'archevêque, les sœurs du couvent janséniste de Sainte-Agathe, et que le Parlement, par représailles, fait dresser la liste des quarante-cinq mille lettres de cachet obtenues contre les anticonstitutionnaires (2), quand le roi se décide enfin à mettre les parlementaires à la raison et les fait accompagner galamment en exil, à Pontoise, par ses propres mousquetaires (3), voici qu'une voix s'élève de province, pour conjurer les malheurs dont ces événements sont le présage. C'est celle de l'évêque du Puy. Son petit livre : *Le véritable usage de l'autorité séculière dans les matières qui concernent la religion* se borne à rappeler les principes propres à jeter du jour sur les questions soulevées depuis quelques mois (4). Les parlements eux-mêmes, observe-t-il, ne contestent guère la distinction théorique des deux puissances. Il n'y a de partage que lorsqu'on en vient aux applications pratiques de ce principe. Comment un tribunal séculier ose-t-il cependant prononcer sur des causes spiri-

(1) Cf. Picot, *Mémoires pour servir à l'histoire ecclésiastique pendant le XVIIIe siècle*, 1806, t. Ier, pp. 373-450, *passim*.
(2) *Journal* du marquis d'Argenson, 4 et 15 janvier 1753.
(3) *Ibid.*, 10 mai 1753.
(4) Nous ne savons pourquoi Migne, II, 559, semble attribuer la *Continuation* du *Véritable usage de la puissance séculière*, etc.., à un autre auteur que l'évêque du Puy. Cette *Continuation* est écrite du même ton et développe les mêmes idées que l'écrit qui la précède ; elle est d'ailleurs contenue dans l'édition de 1753, sans aucune indication qui permette de croire qu'elle n'est pas de Pompignan.

tuelles sans supprimer le droit de la puissance ecclésiastique? Le titre de protecteur de l'Eglise que revendiquent
les princes catholiques ne confère aucunement ni à eux ni
à leurs officiers une telle prérogative. Sans doute les magistrats doivent veiller à l'ordre public et réprimer tous les
excès, mais s'ils en viennent à rendre des jugements sur
ce qui règle ou non la croyance des fidèles, sur ce qui peut
les rendre dignes ou non des sacrements, loin de se con-
former à l'avis des pasteurs et de les protéger, comme ils
le prétendent, ils combattent ouvertement leurs décisions.
Protéger l'Eglise ce n'est point la *captiver*. Ainsi l'entendait
Bossuet lui-même dans ce fameux discours sur l'Unité de
l'Eglise, prononcé devant une assemblée « qui n'avait pas
formé le projet d'abaisser l'autorité royale (1) ». Quant à
l'abus qu'un prêtre peut faire de son ministère, en refusant
indûment les sacrements, les magistrats y porteront-ils
remède en ordonnant, sans une instruction et un avis
préalable de l'autorité religieuse, de les accorder à ceux
qui ne les méritent pas? Non! la « compétence des différentes juridictions doit être réglée par la nature même des
causes (2) ». Que chacun se contente donc de sa part d'autorité et se renferme exactement dans son office : c'est le
seul moyen de ramener la paix.

Sages réflexions et qui n'eurent pas sans doute aussitôt
leur effet bienfaisant dans les esprits, puisque la guerre
continua, s'aggrava même, et que, l'année suivante, Christophe de Beaumont fut envoyé en exil dans sa maison de
Conflans, tandis que le parlement était rappelé à Paris.
Toutefois serait-il exagéré de dire qu'elles préparèrent la
voie à un apaisement, puisque, sans abandonner aucun
principe, l'évêque du Puy laissait entendre qu'en fait des
fautes isolées avaient pu être commises, pour la répression
desquelles non seulement il ne repoussait pas, mais solli-
citait au contraire discrètement l'entente loyale des deux

(1) Migne, II, 552. — D'ailleurs on trouve le résumé des arguments
de l'évêque du Puy, dans Picot, *Mémoires pour servir*, etc...; I, pp.
377-384.
(2) Migne, II, 561.

puissances, « sur le fondement de la subordination (1) ». Terrain habilement choisi, semble-t-il, pour ménager les susceptibilités de tous. En 1755, on n'en cherchera pas d'autre lorsqu'une partie de l'assemblée du clergé, de concert avec la cour, s'efforcera de conclure la paix (2). Et, un an plus tard, Benoît XIV l'obtiendra d'ailleurs en déclarant que les ordonnances de l'archevêque de Paris seront maintenues, mais ne s'appliqueront à l'avenir que dans les cas d'opposition publique et *notoire* à la bulle. Christophe de Beaumont ne pouvait donc plus tarder de rentrer dans sa ville épiscopale. Quand ce jour arriva, Pompignan reçut de Rome un bref où le pape Clément XIII, après l'avoir loué de ses bons offices dans cette affaire, lui demandait de les continuer pour hâter le retour des autres évêques vers leurs églises (3).

(1) MIGNE, II, 581.

(2) On retrouve l'esprit de la doctrine de Pompignan dans les articles adoptés par une partie de l'Ass. du clergé de 1755 (surtout les articles III, IV, VIII-X); et aussi dans les *Remontrances* de l'Ass. de 1760. Voir MENTION, *Documents relatifs aux rapports du clergé avec la royauté*, 1903, t. II, pp. 94-96 et 97-102.

(3) « Jamdiu nobis erant apprime comperta atque explorata studia a fraternitate tua adhibita, ac labores impensi, ut iter reditui venerabilis Christophori archiepiscopi Parisiensis ad suam residentiam tandem aperiretur... Perge proinde, venerabilis frater, curas consiliaque tua conferre ad praesidium orthodoxae religionis, ecclesiasticaeque auctoritatis et disciplinae, quibus usque in finem mundi certamina et obstacula nunquam fore defutura, pro eximia sapientia tua ignorare non potes. Praeterea, venerabilis frater, enitere ut quae fraternitati tuae sese offerre poterunt sedulo arripias, neque elabi patiaris occasiones promovendi et accelerandi reditum ad suas Ecclesias aliorum venerabilium fratrum Galliarum antistitum... » Ce bref et la réponse de Le Franc de Pompignan se trouvent dans MIGNE, II, 619-623. — Le chapitre du Puy en possédait un texte (*Reg. des délibérations capitulaires* de 1754 à 1768, aux *Arch.* de la Haute-Loire, G, 314). M. Joseph de Veyrac conserve aussi une traduction du bref et de la réponse, datant du XVIIIe siècle. — Sur l'exil et le retour de l'archevêque de Paris, cf. *Christophe de Beaumont*, par le P. RÉGNAULT, Paris, 1882, 1. IIIe; Pompignan s'employa aussi à faire nommer Beaumont proviseur de Sorbonne, le 8 novembre 1759; les paroles qu'il prononça à cette occasion sont citées dans le même ouvrage, p. 480. — Dans toutes ces affaires, l'évêque du Puy eut une conduite beaucoup plus habile et plus franche que celle de Bernis qui se vante beaucoup, semble-t-il, dans ses *Mémoires*, t. II, p. 60, publiés par MASSON, Paris, 1878.

* *

Où en était pendant ce temps la philosophie ? Messieurs, lorsqu'elle vit les dénonciations, les procédures flétrissantes, la prison, les amendes, le bannissement devenir la récompense du zèle et « avilir la foi dans la personne de ses défenseurs », elle « sourit à ce spectacle » (1). Le jansénisme, en faisant ses propres affaires, ne devançait-il pas l'avènement de l'incrédulité ? Il n'y avait qu'à laisser faire le jansénisme, et la philosophie le laissa faire. Silencieuse, ou presque silencieuse (puisque l'Encyclopédie, un moment supprimée par arrêt du Conseil, en 1752, ne put reprendre qu'en 1753 le cours régulier de sa publication, et que, jusqu'en 1755, l'incrédulité ne lança guère dans la circulation que les *Pensées sur l'interprétation de la nature* de Diderot et le discours sur l'*Inégalité* de Rousseau), la philosophie regardait d'autres mains que les siennes poursuivre sans le savoir l'exécution de son plan. On en aura vite fini avec les dévots, si l'on parvient à les placer en dehors des conditions ordinaires de la vie sociale, à persuader tout le monde qu'ils font médiocre figure là où on les voit encore se produire : dans les lettres, les sciences, le gouvernement, les affaires, la société elle-même. On se flatte au surplus de conserver la religion à la condition qu'on en ait expulsé tous les gens religieux : ce sera la façade d'un temple vide, mais le temps n'est pas encore venu de renverser les façades.

Ce dessein à peine avoué devant le public, mais dont on ne se cache plus guère dans les entretiens, dans les correspondances, Pompignan se hâte de l'étaler au grand jour, et c'est pourquoi il réclame pour les fidèles une place au soleil et parmi les hommes. Il serait superflu de rap-

---

(1) Picot, *Mémoires pour servir*, etc..., t. I, p. 406 ; v. aussi Voltaire à d'Alembert, 13 nov. 1756.

porter les longs développements qu'il donne à cette idée
toute simple que le chrétien est presque partout à sa place.
Il suffit de retenir que c'est la thèse principale de son
livre, celle qui en explique le titre un peu énigmatique :
La Dévotion réconciliée avec l'Esprit (1754). Réconciliation *normande* (1), insinuera Voltaire. Et l'éditeur de Kehl
ajoutera plus tard : « Jamais ils n'ont été si brouillés que
depuis lors ». Vous jugeriez par la seule lecture du premier chapitre, que ces traits, si vifs qu'ils soient, n'attei-
gnent point le fond des idées. Pompignan y expose d'abord
ce qu'on pourrait appeler l'*Art poétique* du vrai dévot, et
cet art poétique dont il ne faudrait point entreprendre de
vanter tous les détails, est, en somme, assez large. Qui
empêche, demande-t-il, la « dévotion » de s'élever « jusqu'à
la hauteur de l'ode » ? Et, n'osant citer l'exemple de son
propre frère Jean-Jacques, le magistrat poète, à qui il
pense sans doute candidement, il allègue celui de
J.-B. Rousseau « qui manquait à la France pour disputer
aux Grecs et aux Romains la gloire du poème lyrique ».
Mais il a mieux à proposer que les *Odes sacrées* de
J.-B. Rousseau, lesquelles « surpassent, en effet, ses autres
ouvrages dans le même genre » ; rien n'égale pour lui les
psaumes de David, les Cantiques répandus dans l'Ancien
Testament, les chœurs d'*Esther* et d'*Athalie* « qui ne sont,
s'il est permis de s'exprimer ainsi, que des centons de
l'Ecriture (2) ». De même, la dévotion peut atteindre la
majesté de l'épopée, à la condition (et cette remarque a
bien quelque valeur à la date de 1755) que le poète n'y mette
en œuvre « d'autre merveilleux que celui qui peut se con-
cilier avec les dogmes de sa religion (3) ». Pompignan est
beaucoup plus embarrassé en parlant de la tragédie, de la
comédie, de la satire : il tente une distinction assez subtile
entre les représentations théâtrales qu'il a en horreur et le
poème dramatique dont il approuve l'usage, si l'on en

(1) VOLTAIRE à D'ALEMBERT, 24 février 1759.— Cf. la note de l'éditeur de Kehl dans les *Œuvres*, éd. DESOER, VIII, 496.
(2) MIGNE, II, 454.
(3) *Ibid.*, 455.

retranche l'amour. Il marque pour l'enjouement et les plaisanteries du comique, un dédain de penseur peu enclin à sourire ; il commence par excuser la satire littéraire, pour l'exclure finalement, comme incompatible avec la charité chrétienne, et la remplacer « par une critique sage et judicieuse qui sait ménager, en censurant les écrits, la délicatesse des écrivains. » Et toute cette partie (1) évoque en effet l'idée d'une réconciliation normande...

Certes, il était moins difficile de renouer les liens entre la dévotion et l'éloquence, l'histoire, la grammaire elle-même : c'est ici pourtant que Pompignan a ses plus curieuses audaces et ses plus belles franchises ! — A un siècle et demi de distance, non seulement nous ne trouvons rien à redire au portrait qu'il trace de l'historien catholique, mais ce portrait, nous éprouvons quelque fierté que ce soit un évêque de France qui l'ait tracé. Il proteste déjà, au nom même de la religion, contre le zèle dépourvu de science et de jugement qui a « rempli plusieurs de nos histoires de fables absurdes, d'imputations hasardées, d'éloges faux ou exagérés... Il faut savoir avouer les torts de ceux qui ont servi l'Eglise ; il faut même reconnaître les vertus morales et les talents distingués de ceux qui ont eu le malheur de la combattre... — [L'historien] déplaira par là même à des catholiques vainement scrupuleux qui ne connaissent ni les lois de l'histoire, ni les véritables intérêts de la religion. Il aura du moins pour lui le témoignage de sa conscience supérieur à tous les jugements des hommes, et la satisfaction de n'avoir employé que la vérité en faveur d'une religion, implacable ennemie du mensonge (2) ».

Quant à la grammaire (nous traduirions aujourd'hui ce mot par *philologie*, sans être trop inexacts), il n'est pas moins piquant de savoir en quels termes et pour quelles raisons Pompignan la recommande aux catholiques. Après avoir déploré que le goût d'une philosophie sophistique ainsi qu'un penchant déclaré pour les choses frivoles aient

(1) Migne, II, 456-458.
(2) *Ibid.*, 461.

provoqué la décadence d'une étude que la Renaissance semblait avoir pour longtemps remise en honneur, il ajoute : « La Dévotion est capable de soutenir le travail le plus épineux, lorsqu'il peut être utile à la religion... De là sont nées ces immenses richesses sur l'Ecriture sainte. Il fallait, pour en développer la chronologie, la géographie, l'histoire, et, en plusieurs endroits, l'intelligence grammaticale, recourir aux sources, consulter même les monuments de l'antiquité profane les plus voisins des temps où les livres sacrés ont été composés. Eût-on pu le faire sans l'étude des langues ? Et la dévotion, qui a tant de zèle et de respect pour les divines Ecritures, qui n'ignore pas combien il importe à la religion d'en approfondir et d'en fixer le sens, peut-elle s'opposer à une étude d'autant plus nécessaire dans l'Eglise que l'hérésie en a plus abusé ? Il fallait aussi, pour s'assurer de l'ancienneté des dogmes, en suivre la trace dans l'Orient et dans l'Occident depuis les apôtres jusqu'à nos jours. C'est à quoi l'on a réussi par l'étude des langues... La dévotion applaudit à des travaux dont la religion profite, et loin qu'on puisse la soupçonner d'éloignement pour l'érudition, l'usage qu'elle est obligée d'en faire, est peut-être la ressource la plus assurée contre la barbarie où l'ignorance des langues mortes pourrait nous replonger (1). »

Voilà, certes, un passage qui ne manifeste aucune défiance, aucune timidité théologique. Si la science ecclésiastique se fût toujours inspirée de tels principes, digne héritière des Bossuet, mais aussi des Petau et des Thomassin, et même prudente observatrice des audaces instructives d'un Richard Simon, elle eût échappé sans doute à l'état d'engourdissement qui, dès lors, menace de l'atteindre.

*
* *

C'est pourquoi ce passage était d'autant plus à signaler qu'il porte sa date, qu'on ne retrouverait peut-être plus

(1) Migne, II, 459.

pareille note quelques années plus tard, et enfin que, dans le premier écrit où il semble que Pompignan ait eu ensuite à appliquer ses vues (ce sera justement dans l'*Incrédulité convaincue par les prophéties* qui est de 1759), il ne manifestera plus le même enthousiasme pour les « discussions d'une grammaire ou d'une critique trop recherchées ». — Cette contradiction s'explique en partie par le dessein de de l'auteur qui compte beaucoup trop sur la philosophie dont il accompagne ses textes, et ne songe point, du reste, à faire œuvre d'érudition. — « Si l'on n'écrit pas pour les savants, dit-il néanmoins, on tâchera de ne rien avancer qui puisse mériter leur censure (1) ». De fait, à ne considérer la science de l'Ecriture que du côté des catholiques de son temps, cette prétention n'est pas exorbitante. Sa science et sa conscience apparaissent dans toute la discussion dont il a organisé la lourde ordonnance. Probablement les moyens d'information lui manquent ; il use du moins de tous ceux qu'il possède : c'est ainsi qu'il connaît passablement les opinions d'Orobbio et des écoles rabbiniques du xviie ou du xviiie siècle, qu'il se tient au courant des objections de Spinoza et des travaux de dom Calmet. — Ni progressiste, ni réactionnaire, il est obligé de marquer le pas. Mais il se garde du moins de jeter un regard soupçonneux sur le travail de son voisin : s'il discute avec dom Calmet qu'il trouve — cela peut surprendre — trop avancé, particulièrement dans la question de la prophétie de l'Emmanuel, il ne se permettrait pas d'exprimer le moindre doute sur l'orthodoxie du savant religieux. Bref, Pompignan fait son possible à l'heure où il écrit — et c'est dix ans avant l'abbé Guénée (2), — pour être digne du public auquel il s'adresse. Messieurs, c'est bien quelque chose. Si l'on examine de près la méthode qu'il emploie,

(1) MIGNE, II, 730.
(2) La première édition en 4 vol. in-12 des *Lettres de quelques Juifs portugais, allemands et polonais à M. de Voltaire*, etc..., est de 1769. — Marmontel crut devoir disserter à propos du livre de Pompignan, et sa discussion sur les prophéties a été louée, non sans quelque excès. Cf. LENEL, *Marmontel d'après des documents nouveaux*, Paris, 1902.

les positions qu'il occupe, on ne trouve pas qu'elles présentent de notables différences avec la méthode, avec les positions de l'école conservatrice de la fin du xixᵉ siècle. Cela est-il à l'honneur de cette école? Ne l'examinons pas ici. Mais cela ne saurait être non plus retenu au préjudice d'un apologiste du xviiiᵉ siècle.

Aussi bien, Messieurs, Pompignan renonça assez vite à poursuivre l'ennemi sur ce terrain des Ecritures. Il songea sans doute que, s'il est déjà difficile de s'y défendre devant un public superficiel, mal préparé, il est encore plus dangereux d'y conduire l'attaque contre des adversaires qui, non contents de repousser toute argumentation métaphysique, de nier *à priori* le surnaturel, affectent encore de ne pas attacher aux Livres saints l'importance qu'ils accorderaient à des documents d'ordre humain.

A quoi bon, put-il se demander avec quelque apparence de raison, à quoi bon les solides études, les travaux d'érudition, les démonstrations spéculatives, quand c'est sur le terrain des faits, des faits du jour, que la mêlée s'engage, avec le plus de fureur?

Voici qu'on s'agite, en effet au camp des philosophes. C'est d'abord, en 1758, à l'occasion du livre de *l'Esprit* de Helvétius, pesante machine de guerre dont ceux-là même veulent profiter qui en dénigrent la structure. Le scandale de cette publication se prolongeait encore, lorsque, en pleine Académie, le jour de sa réception, Jean-Jacques Le Franc de Pompignan, l'aîné de Jean-Georges, crut devoir exprimer les inquiétudes de son âme chrétienne en face des progrès de l'impiété (1). Certes, la circonstance aurait pu être plus habilement choisie; contre tous les usages, le

(1) C'était le 10 mars 1760. Elu à l'unanimité, après un premier échec, à la place de Maupertuis, il avait volontairement retardé sa réception de cinq mois. Le directeur, Dupré de Saint-Maur, dans sa réponse au récipiendaire, confondit dans un même éloge le poète et son frère, l'évêque du Puy.

remerciement d'obligation se transformait, non pas en in-
vective mais en réquisitoire; et les philosophes, qui se sen-
taient directement visés, surent bien faire observer que le
récipiendaire avait manqué à toutes les formes. On peut
imaginer ce que furent leurs représailles, puisqu'ils ont
avoué dans la suite le dessein de couvrir leur victime d'un
ridicule éternel. De loin, l'évêque du Puy ne put s'empêcher d'assister avec douleur à la cruelle vengeance (1) qu'on
tirait de la maladresse courageuse, et après tout, très par-
donnable, de l'honnête homme qu'était son frère. Pas un
instant, — on peut le constater à l'aide de ses écrits, — il
ne garda de rancune personnelle contre les auteurs de ces
libelles, de ces épigrammes qui, aux dépens de l'un des
siens, amusaient tout Paris. Mais il dut avoir, il eut dès
lors le sentiment que, autour des principes qui lui étaient
plus chers que sa vie, il y avait toute une conspiration intellectuelle organisée. Non! ce n'était malheureusement plus
une vaine rodomontade que l'attitude agressive prise depuis
quelque temps par les porte-parole de l'incrédulité. Ils
entendaient bien, sous le nom de philosophes, former un
groupe puissant, exclusif, dont les membres, hardis et
opiniâtres dans leurs entreprises irréligieuses, seraient tous
au fond solidaires les uns au regard des autres? Ce titre
même de philosophes était un nom de guerre, un cri de
ralliement comme un autre, un moyen de s'appeler, de se
reconnaître, à travers la confusion des théories et des idées
particulières à chacun d'entre eux. Dès ce moment, du
reste, ne cherchaient-ils pas, en plus d'une circonstance,
à concentrer leurs efforts sur le même point? Et, à certains

(1) « Presque au même instant, dit H. DE LAPORTE, dans la biographie MICHAUD (art. Jean-Jacques L. F. de P.), on vit commencer
l'escarmouche des *Facéties* parisiennes, les *quand*, les *pour*, les *que*,
les *qui*, les *quoi*, les *car*, les *ah!* les *oh!* qui venaient de Ferney.
Morellet y donna suite par les *si* et les *pourquoi*; il introduisit Pompignan dans la Préface de la Comédie des Philosophes. » — Cf. aussi
MAYNARD, *Voltaire, sa vie et ses œuvres*, Paris, 1868, t. II, 491-496.
Ch. NISARD, dans *Les Ennemis de Voltaire*, Paris, 1853, ne dit
presque rien, malgré ce titre, des attaques de Voltaire contre les
deux Pompignan. — V. enfin, MARMONTEL, *Mémoires d'un père*,
l. VII.

jours, d'où qu'ils vinssent, n'acceptaient-ils point la même discipline, le même mot d'ordre, la même tactique, les mêmes chefs (1) ?

On le vit clairement, en 1762, lorsque, dans l'affaire des Jésuites, ils prêtèrent main-forte, malgré leurs répugnances, à la secte des Jansénistes, à la coalition des parlementaires. Le meilleur du plaidoyer adressé alors au roi par l'évêque du Puy en faveur de ses anciens maîtres, paraît être sans contredit le passage où il signale les dangers courus non seulement par l'ordre monastique tout entier et par l'Eglise de France, mais aussi par la royauté, si, d'une part, elle abandonne au parlement l'usage d'une autorité qui n'appartient qu'à elle-même (2), si, de l'autre, elle laisse « un parti qui ne se soutient plus par l'éloquence et par l'érudition de ses écrivains, combattre avec les armes qui lui restent, l'intrigue et la cabale. » (3) Et, revenant au sujet de ses ordinaires préoccupations, Pompignan ajoute : « Les temps les plus favorables à ces progrès [de l'incrédulité] sont ceux où les chrétiens s'armant contre d'autres chrétiens, déchirent le sein du christianisme. Les divisions intestines sont les victoires des ennemis étrangers... Les impies déclarés se félicitent d'une division qui leur est utile : ils s'en prévalent pour accréditer la prétendue philosophie qui, détachant les hommes du culte révélé, peut seule, selon eux, produire sur la terre, une concorde et une paix inaltérables ». (4)

(1) « ... C'est de ce tribunal qu'émanent les arrêts qui érigent en philosophes les plus frivoles et les plus minces esprits, s'ils ont une teinture d'incrédulité, et qui bannissent du règne philosophique les génies les plus éclairés, s'ils ont du zèle pour la foi chrétienne. » MIGNE, I, 31.

(2) « Et quelle est l'autorité qui a prononcé l'abolition des Jésuites ? Est-ce celle qui seule a le pouvoir de créer et d'anéantir en France des établissements tels que les leurs? Cette dernière circonstance met le comble à la frayeur et à la désolation répandue dans ce pays-ci. » MIGNE, I, 1291.

(3) MIGNE, I, 1293.

(4) *Ibid.*, 1295. — Pompignan avait composé un ouvrage plus étendu sur les Jésuites. « Peu de temps avant sa mort et dans le courant de sa maladie, il brûla un manuscrit assez volumineux concernant les Jésuites. Je ne doute point que cet ouvrage n'ait été utile dans les circonstances. » (*B. S. S.*, fonds EMERY, lettre de l'abbé

Vous l'avez entendu, Messieurs, la conséquence la plus redoutable des divisions, des mesures brutales contre lesquelles s'élève l'évêque du Puy, c'est la diffusion de la « prétendue philosophie » des incrédules. De cette idée, de ce mot, Pompignan va faire le titre et le fond de l'*Instruction pastorale* qu'il publiera l'année suivante : véritable traité, d'ailleurs, le plus important peut-être de ses ouvrages, et, à coup sûr, celui qui fit le plus de bruit quand il parut.

L'apologiste se garde d'y adopter le ton plaintif, habituel à ceux qui ont subi trop de défaites. Ce ton correspondrait peut-être à ses angoisses intérieures, il ne conviendrait pas à un évêque sûr de sa cause. C'est avec fierté qu'il s'engage dans ce corps à corps longtemps cherché sur d'autres routes, enfin rencontré à ciel ouvert. — Et d'abord, il conteste hardiment la qualité et jusqu'au nom de philosophe à ceux qui l'ont prodigué « jusqu'au dégoût et au ridicule », qui ont rendu « aussi odieuse que méprisable la vanité de le prendre et l'affectation de le répéter (1) ». Le sentiment du public n'est pas avec eux : du moins le public chrétien a-t-il jusqu'ici « repoussé la main de ces infidèles conducteurs. Sa réclamation, plus forte à certains égards que des arrêts ou des censures, a déconcerté le plan chimérique de séduction formé par les chefs de la nouvelle philosophie ». Quant à la république qu'ils prétendaient créer, « moins vertueuse que celle de Platon, mais également fabuleuse », elle demeure encore à établir (2). Et l'évêque, avant d'aller plus loin, s'oublie un instant à contempler ces beaux génies, prometteurs de merveilles, qui, après le xviie siècle, ont cru découvrir le cœur humain, la nature des êtres, la droite raison (3). Ni Bacon, observe-t-il, ni Galilée, ni

Pichot à M. Emery, 14 mars 1802.) — D'autre part, M. Emery semble avoir retrouvé la trace de ce travail, car il écrit dans la notice sur Pompignan : « Il conviendrait de faire entrer dans la collection... surtout un ouvrage assez considérable sur les Jésuites, *qu'on croyait perdu, mais que nous savons exister encore.* » (Cf. Migne, I, 26.)

(1) Migne, I, 31.
(2) *Ibid.*, 32.
(3) *Ibid.*, 38-39.

Descartes, ni Malebranche, ni Newton, ni Leibnitz, ni aucun des fondateurs d'écoles nouvelles, n'ont tenu un pareil langage.

Mais quels sont les traits communs à tous ces prétendus philosophes ? Dans la suite de son traité, Pompignan en note plusieurs : leur estime exagérée et exclusive des sciences naturelles, leur méthode de doute si différente, à son avis, de celle de Descartes, l'idée qu'ils se font de la tolérance, des devoirs de l'homme vis-à-vis de l'humanité et du citoyen vis-à-vis de l'Etat. Et il est bien vrai que, de toutes les tendances éparses dans leurs livres, de toutes les aspirations pratiques vers la totale indépendance de l'esprit qu'ils y formulent, on pourrait peut-être former un *Credo* unique qu'ils accepteraient. Mais qu'on ne se fie pas aux apparences. L'apologiste triomphe de savoir qu'ils sont divisés déjà sur des articles essentiels, qu'ils le seront davantage encore dans l'avenir. En attendant qu'ils se combattent les uns les autres, ce qu'il importe de dévoiler, ce sont leurs procédés de polémique, c'est leur diplomatie habituelle pour gagner l'opinion publique (1). A cette tâche, on peut le dire, Pompignan apporte une clairvoyance, une précision, une énergie extraordinaires, si l'on songe qu'il s'attaque à Voltaire lui-même, « l'auteur de la Henriade (2) », — et qu'il sait maintenant ce que c'est qu'une vengeance de Voltaire...

Il remarque donc, et il l'éprouvera bientôt pour son propre compte, que les philosophes veulent tout dire, sans qu'il soit permis de leur répondre : les critiquer, c'est les persécuter (3). Tandis qu'ils se donnent comme victimes,

(1) MIGNE, I, 148-159, *passim*.

(2) Pompignan affecte de ne pas faire mention de Voltaire sans employer cette périphrase. Estime-t-il vraiment que ce soit là le principal titre littéraire de celui qu'il combat? C'est possible, car il ne cultive ni l'injure ni l'ironie. Toutefois quelques-uns crurent voir dans cette affectation une intention malveillante. « Il appelle, dit la *Corresp.* de GRIMM, il appelle M. de Voltaire *l'auteur de la Henriade*, comme si c'était une injure. » (*Corresp. litt. phil. et crit.*, 15 octobre 1763, éd. de Paris, 1829, t. III, p. 355.)

(3) « Et il ne sera pas permis, à peine d'être réputé persécuteur, d'opposer des barrières à cette contagion ! » — « Sommes-nous des agresseurs ? » — MIGNE, I, 161.

inscrivent bruyamment leurs noms à côté de ceux de Socrate et de Galilée (1), on les voit accumuler contre les chrétiens tous les reproches imaginables : ignorance, étroitesse d'esprit, vil intérêt, pédantisme, superstition, fanatisme, duplicité (2). Ils évitent néanmoins l'âpreté de telles attaques quand il s'agit d'atteindre la religion révélée : c'est qu'ils ne veulent pas être accusés d'impiété ouverte, dans un temps où l'on accorde cependant à l'impiété toutes les facilités qu'elle désire.

Aussi protestent-ils à l'avance de leurs bonnes intentions, au besoin de leur foi : c'est en purs métaphysiciens, en adeptes de la raison qu'ils parlent, non en croyants. Dieu jugera de la sincérité de leurs protestations. En attendant, ne nous laissons pas prendre à ce subterfuge (3) et regardons de près leurs écrits : ici, ils posent des principes dont la conséquence, qui est impie, saute aux yeux, et ils laissent à d'autres le soin de la tirer ; là, ils laissent à dessein flotter un peu de vague autour des propositions qu'ils émettent, afin de n'avoir pas à détourner les lecteurs de l'application défavorable qu'ils en peuvent faire au christianisme. Tantôt ce sont des plaisanteries destinées à le rendre méprisable dans ses dogmes, dans ses lois, dans ses cérémonies, dans son ministère : l'obscénité s'y mêle comme un assaisonnement, c'est alors le charme d'une multitude ignorante et oisive, ennemie des raisons sérieuses. Tantôt ce sont des allégories où la religion est décriée sous des noms étrangers : le muphti des Turcs, le grand lama des Tartares, les bonzes, les fakirs, les derviches y désignent le pape, les prêtres, les religieux. Et qui pourrait soupçonner des philosophes de perdre leur temps à désabuser les Européens de superstitions lointaines que presque tous ignorent profondément (4)?

Non! l'emploi de tels moyens répugne décidément à la véritable « philosophie ». C'est pourquoi l'évêque du Puy

(1) MIGNE, I, 152.
(2) *Ibid.*, 157.
(3) *Ibid.*, I, 155.
(4) *Ibid.*, 153-156.

se retourne vers Jean-Jacques Rousseau dont l'*Emile* et le
Contrat social font grand bruit depuis l'année précédente.
Celui-là est le véritable adversaire : c'est du moins le plus
grave, le plus séduisant, le plus sincère ; il vaut qu'on lui
réponde. Pompignan lui répond, en effet, avec une vigueur
inusitée et toute neuve. Le système de Rousseau, dit-il,
est condamné par cela même « qu'il n'y a eu d'Emile nulle
part, qu'il n'y en aura jamais (1) ». Retenons cette formule,
souvent répétée depuis lors : c'est probablement pour la
première fois qu'elle paraît sous la plume d'un apologiste,
et nous sommes en 1763. — Quant au *Vicaire savoyard,*
« ce prêtre libertin qui allie le déisme avec la messe », c'est
« le plus insigne des fourbes » ; il ne fallait pas « se vanter
d'avoir appris sa religion d'un tel maître (2) » : c'est l'un
après l'autre qu'il faut examiner chacun des articles de son
symbole atténué. Et l'évêque se livre à cette analyse avec
l'allégresse d'esprit d'un théologien fier de sa doctrine
comme de ses distinctions, avec la pénétration d'un moraliste convaincu de ses expériences. — Reste le système
politique de Rousseau, dangereux non seulement à l'Etat,
mais à l'Eglise, puisqu'il refuse le titre de citoyen à qui n'a
pas de patrie dans ce monde. C'est pour Pompignan un
prétexte à écrire quelques-unes de ses plus belles pages,
un de ses chapitres les plus forts, le seul qui n'ait absolument pas vieilli. Comment on peut aimer l'Eglise, désirer
le royaume céleste, sans cesser d'être dévoué à l'Etat, il le
dit sans doute. Mais il dit aussi comment, « tout à la fois
cosmopolite et patriote (3) », le chrétien concilie dans son
âme ses devoirs envers la patrie commune, c'est-à-dire
l'humanité, avec ses devoirs envers la petite patrie. Car,
d'une part, « le lien primitif qui compose du genre humain
une seule et totale société, n'est pas rompu par les sociétés
partielles qui se sont multipliées sur la terre » ; et, de
l'autre part, « qui ne sent que l'affection conjugale, la ten-

(1) Migne, I, 171.
(2) *Ibid.*, 87.
(3) *Ibid.*, I, 165.

dresse paternelle, la piété filiale, l'amitié... la reconnaissance..... sont des nœuds plus étroits que ceux qui vous
unissent à des hommes qu'on ne connaît point ? » C'est
donc sur l'idée de famille que se fonde pour lui l'idée de
patrie. De là, Messieurs, la noble définition qu'il en donne :
« Rassemblée par des besoins communs, maintenue par
les même lois et le même gouvernement, source et appui
de tous les biens dont un homme peut jouir dans l'état où
la Providence l'a placé, la patrie a sur nous, dans un degré
supérieur, tous les droits de la famille à laquelle nous
sommes liés par le sang (1). » Or, cette définition, excellente en soi et dans tous les temps, offre aussi l'avantage
de formuler une tradition vivante encore à la fin de l'ancien
régime, où la famille est comme un petit Etat dans l'Etat.
On ne calculera que beaucoup plus tard ce que l'idée de
patrie peut perdre au lent obscurcissement ou à la trans-
formation brutale des notions acceptées de longue date,
dans une société, sur la constitution et l'intime organisation du foyer.

Ainsi, Messieurs, — c'est la pensée de l'évêque du Puy,
— l'apologiste doit intervenir franchement dans *toutes* les
questions où la religion a son mot à dire, et elles sont très
nombreuses. C'est pourquoi il a suivi Rousseau, ne fût-ce
qu'en passant, jusque dans la métaphysique abstruse du
Contrat social. Faut-il ajouter maintenant que, dans les
contestations les plus vives, il n'a parlé de son adversaire
qu'avec une sympathie visible? Oui, car cette sympathie
éclate dans plus de dix passages de l'*Instruction pastorale* (2). Si vous êtes curieux d'en connaître les raisons,
elles se présenteront bientôt à votre esprit. Et, première-
ment, Rousseau n'aborde qu'avec respect les croyances
dont il cherche à ébranler la base : il parle éloquemment,
du moins à l'ordinaire, de l'Evangile, de la vie de Notre-
Seigneur Jésus-Christ, de sa passion et de sa mort ; ce ton

(1) MIGNE, I, 163-166, *passim*.
(2) Cf. particulièrement dans MIGNE, I, les pp. 31 note, 70, 71, 83,
88, 103, 131, 147, etc...

qui tranche avec l'ironie sèche de Voltaire, avec les gros-
siers sarcasmes de l'incrédulité, a surpris favorablement
l'évêque du Puy qui n'y était guère habitué. Pressent-il
que, si l'idée religieuse vient à disparaître momentanément, on en pourra retrouver chez Rousseau quelque
germe affaibli ? Peut-être. Le feu vit sous la cendre ; il faut
ménager la petite étincelle. — Ensuite Rousseau a tourné
ses recherches du côté de la politique, de l'enseignement,
de la vie sociale et religieuse ; il n'y a rien de frivole ni de
futile dans son œuvre ; il se trompe, il est vrai, mais avec
autant de logique et de profondeur que de sincérité : là
encore, il y a de quoi captiver l'intérêt, l'attention émue
d'un homme méditatif, pieux, comme était Pompignan. —
Enfin, Messieurs, Rousseau a rompu avec les philosophes,
sa brouille avec Voltaire est notoire, il a fondé entre le
christianisme et la philosophie un *tiers parti* qui sera
hostile, il est vrai, au christianisme aussi bien qu'à la philosophie (1). Mais c'est déjà beaucoup que le bloc se désa-
grège, que la brèche soit ouverte, et par un tel ouvrier.
C'est de quoi, peut-être sans le savoir, Pompignan est
reconnaissant à Rousseau, car il a prédit cette division, et
il tient à cette prédiction.

*
* *

Il a raison d'y tenir. En effet, Messieurs, si, préoccupé
de fixer l'attention de ses contemporains sur les questions
spéculatives dont elle s'est détournée, l'apologiste dirige
encore ses coups contre le jansénisme, dans une nouvelle
instruction pastorale, un peu abstraite, sur l'*Hérésie* (1766),

(1) MIGNE, 1, 131. — Il rappelle plus bas, p. 152, avec une satisfaction visible, que, loin d'être touché des lamentations des philosophes
sur les peines infligées à quelques-uns d'entre eux, Rousseau les juge,
dans son *Contrat social*, dignes d'un châtiment beaucoup plus sévère.
« Son intolérance pour eux va jusqu'au bannissement, jusqu'à la
mort ; et si ce n'est pas comme impies qu'il les livre à la justice du
souverain, c'est comme *insociables...* » — Pompignan parle aussi du
désaccord entre Rousseau et les philosophes dans *la Religion vengée*.
(MIGNE, I, 229.)

c'est que, tout en préservant les fidèles de la contagion à l'aide d'une doctrine sûre, il espère les habituer à cette largeur, à cette charité de l'intelligence (1) qui, seule, peut ramener les errants, et par là, élargir le fossé qui se creuse entre l'hérésie et l'incrédulité, momentanément unies dans une alliance aussi « monstrueuse » que redoutable. De même, s'il présente en 1770 la *Défense des actes de l'Assemblée du clergé de 1765*, s'il rappelle, à ce propos, que ces assemblées ne sont pas seulement des assises temporelles destinées à subvenir à la pénurie du trésor, à répartir le don gratuit, mais que leur mission plus haute, historiquement constatée, reconnue d'ailleurs par Louis XV lui-même en 1731, est de traiter des matières de dogme, de morale et de discipline que les évêques jugent convenables, c'est qu'il souhaite restaurer la seule autorité capable à ses yeux de venir en aide à la royauté, si la royauté veut sérieuse-ment engager la lutte contre les doctrines et les livres impies (2). S'il reprend enfin la plume, en 1772, avec la *Religion vengée de l'Incrédulité par l'Incrédulité elle-même*, c'est pour faire observer que le moment est arrivé où l'unité de la « prétendue philosophie » est plus que jamais rompue. La négation est allée plus loin qu'il n'osait

(1) *Ibid.*, II, 161-173.

(2) Les actes de l'Assemblée de 1765 avaient été attaqués avec violence par M. de Castillon, avocat général du Parlement d'Aix. C'est à lui que répond directement Le Franc de Pompignan. — Cf. BACHAUMONT, *Mémoires secrets pour servir à l'Hist. de la républ. des Lettres*, etc... Londres, 1787, t. V, 7 mars 1770 : « Cet ouvrage [celui de l'évêque du Puy] très susceptible de la flétrissure du Parlement, lui sera vraisemblablement dénoncé, et pourrait faire quelque peine à son auteur, s'il n'avait eu la prudence de n'y pas mettre son nom » ; et, un mois après : « La Défense du clergé par M. l'évêque du Puy est extrêmement rare; M. le lieutenant-général de police ne laisse point percer d'exemplaires de cet ouvrage qu'il sait devoir extrêmement déplaire au Parlement. Au surplus c'est peut-être le seul moyen de faire rechercher cet ouvrage sec et froid. C'est mal à propos qu'on a dit qu'il n'y avait pas mis son nom. Il y est très parfaitement. » — Quant à la lutte contre les livres impies, elle se poursuit la même année, sur l'initiative de l'Assemblée du clergé, avec le concours du Parlement qui n'ose refuser de donner un arrêt conforme au réquisitoire de M. Séguier. « Mais par une humiliation sans exemple, on n'a pas voulu recevoir le réquisitoire de M. Séguier, et il ne sera point imprimé en tête de l'arrêt suivant l'usage. » (BACHAUMONT, 20 août 1770; cf. 21 août et 2 septembre 1770.)

le prévoir en 1751, au début de sa carrière d'apologiste, quand il écrivait « qu'on ne doit pas craindre que le pyrrhonisme fasse de grands progrès parmi les hommes (1) ». Avec le *Système de la Nature* du baron d'Holbach (1770), ce n'est pas jusqu'à l'athéisme qu'on est descendu, c'est plus bas encore : on côtoie sans en convenir le pyrrhonisme moral de La Mettrie qui avait paru chose inouïe en son temps ; et, dans une foule d'écrits qui circulent avec le *Système de la Nature*, c'est le pyrrhonisme universel qu'on atteint, ce délire de la raison que le cartésianisme de Pompignan avait cru jadis impossible. Loin de marcher sous le même drapeau, l'armée philosophique est donc, pour qui observe le fond des choses, en déroute sur tous les chemins de la pensée (2) : les athées s'élèvent contre les déistes et les théistes, les sceptiques veulent avoir raison des athées. Ce poste unique d'où ils devaient en commun veiller à ce qu'on intercepte toutes les communications avec la révélation (3), il faut qu'ils l'abandonnent, car ils ont rendu cette révélation nécessaire aux yeux de tous, en montrant que quiconque « cesse de croire à Jésus-Christ, contracte dès ce moment l'engagement de ne plus rien croire » (4). Et il est bien vrai qu'à l'heure où un abbé Raynal peut élever la voix et conquérir la faveur (5), nulle croyance palpable ne survit pratiquement au sein de l'incrédulité : pas même la croyance au devoir, à la vertu, au bien moral. En affectant de n'appuyer le bien moral que sur l'utilité sociale, c'est là qu'on en est venu ; et cela, c'est l'erreur la plus tristement féconde que cet âge ait produite, c'est l'erreur sans remède, M. Brunetière a pu l'appeler naguère : *L'Erreur du XVIIIe siècle* (6). Vous la trou-

---

(1) Cf. *Quest. IV sur l'Incrédulité*, dans Migne, I, 371.
(2) Migne, I, 310.
(3) *Ibid.*, 254.
(4) *Ibid.*, 309.
(5) La première édition de l'*Hist. philosophique des Etablissements et du Commerce des Européens dans les deux Indes* est de 1772 ; ce n'est qu'en 1781 que Raynal fut poursuivi par Séguier.
(6) Brunetière, *L'Erreur du XVIIIe siècle*, dans *R. D. M.*, 1er août 1902, surtout pp. 644-652.

veriez déjà signalée à plusieurs reprises dans les derniers
ouvrages de polémique signés par Jean-Georges Le Franc
de Pompignan (1). En sorte que, de ce chef, on pourrait
dire encore qu'il fut un voyant.

Mais non ! quand le malheur des temps, hâtant le cours
des choses, précipite les idées vers leurs pires conséquences, soudain le voyant se transforme en historien, en
philosophe positif qui constate un fait accompli. Sa joie
intellectuelle d'avoir vu et prévu se change alors en une
douleur amère. C'est ce qui arrive à l'évêque du Puy : il
referme en rougissant les livres où il a contemplé tant de
fois le spectacle des égarements de la raison (2), et la plume
échappe pour un temps de ses mains. S'il la reprend, en
1775, ce n'est pas en son nom. L'Assemblée du clergé
estime que nul n'est plus qualifié que le nouvel archevêque
de Vienne — Pompignan l'était devenu depuis 1774 —
pour rédiger ses doléances et présenter aux fidèles du
royaume un solennel *Avertissement sur les dangers de
l'Incrédulité*. Mais il n'écrira plus désormais sur de telles
matières. Aussi bien Voltaire et Rousseau vieillissent. La
philosophie elle-même, non pas assagie, mais troublée
peut-être de sa propre audace, semble arrêter son effort :
beaucoup d'historiens constatent qu'elle devient presque
muette, à dater de 1770 (3). Elle attend que les événements

(1) Notamment dans l'Instr. pastorale sur *l'Hérésie* (Migne, II, 105-
106) et dans *la Religion vengée*, etc... (Migne, I, 282-283).
(2) « ... En les lisant (les livres impies), j'ai été forcé plus d'une
fois d'interrompre cette lecture ; mon cœur se soulevait contre elle.
Je rougissais pour des hommes d'égarements si monstrueux ; je
déplorais la facilité qu'ils avaient eue à publier leurs blasphèmes ;
j'adorais la patience de Dieu. » (Migne, I, 315.)
(3) « A mesure que le siècle avance, l'incrédulité, moins bruyante,
devient plus ferme » (Taine, *Origines*, I, 379.) — « ... C'est ainsi
que dans les dernières années du règne de Louis XV, et la question
religieuse mise à part, on voit succéder au grand tumulte et à l'agi-
tation des années précédentes, une sorte d'apaisement, et non pas
de réconciliation, mais de trêve au moins des partis. » (Brunetière,
Manuel de l'Hist. de la litt. franc., 1898, p. 365.) — Le même critique observe plus loin, p. 372, que si l'on excepte les derniers
pamphlets de Voltaire et les derniers volumes de *l'Hist. naturelle*
de Buffon qui sont des « suites », « on ne trouve, de 1775 à 1785

commentent les idées. Ce temps est proche sans doute, car Pompignan, de son côté, l'attend avec angoisse. Il ne sera donc plus apologiste, mais que sera-t-il?

que deux « nouveautés » qui survivent, et ce sont deux comédies ».) — « Après l'avènement de Louis XVI, l'école encyclopédique n'est plus combattue et vit sur son acquit. Ses dernières productions intéressent peu l'histoire des idées. » (L. Brunel, dans *Hist. de la langue et de la litt. franç.*, de Petit de Juleville, t. VI, p. 381.)

II

DANS QUELLES CONDITIONS DE VIE L'APOLOGISTE A-T-IL DÛ TRAVAILLER ?

Ce qu'il sera ? Nous l'apprendrons bientôt de lui-même. Mais avant d'aller plus loin, ne convient-il pas d'ajouter quelques ombres au tableau que nous venons de tracer ? Ces ombres, qui accusent les reliefs mais font saillir les défauts, nous les avons à dessein négligées jusqu'ici. Pouvions-nous rompre dans cet exposé la suite d'une carrière si dignement remplie ?

Toutefois, après avoir vanté, presque sans réserve, chacune des qualités de l'apologiste au moment où elle nous apparaissait dans son œuvre, admiré de la sorte la fécondité et la diversité de ses ressources, la lucidité, la décision, le courage alerte qu'il mit à les utiliser aussitôt qu'il le fallut, n'arrive-t-il pas un moment où l'on se demande : Pourquoi ses livres, si souvent réédités jadis, ont-ils si peu vécu ? Pourquoi n'est-on plus tenté d'aller y lire, encore que certaines de leurs parties n'aient pas vieilli ? Pourquoi semble-t-il, à distance, que les contemporains eux-mêmes ont dû les estimer plus que les goûter et s'y plaire ?

Impossible de répondre à ces questions si l'on ne sait, au préalable, dans quelles conditions Le Franc de Pompignan a pu se livrer au travail.

A une époque où toutes les affaires d'ordre spirituel aboutissent aux bureaux de l'évêque comme à leur centre naturel, où elles sont, à cause de la lenteur des communications, de l'éloignement de Rome et de Versailles, extrêmement nombreuses, extrêmement difficiles à traiter, c'est une besogne qui, à elle seule, absorbe toutes les forces d'un homme, que celle d'administrer un diocèse. Au XVIIIe siècle, elle suffit à remplir la vie, à occuper le zèle de plusieurs prélats très pieux qui ne songent pourtant pas à écrire (1). L'évêque du Puy était trop consciencieux — là-dessus les témoins de sa vie lui rendent un témoignage unanime (2), — pour négliger, ne fût-ce qu'un instant, un de ses devoirs les plus essentiels. Il administre donc, au sens qu'on donne à ce mot dans la langue ecclésiastique.

De plus, il se livre avec ardeur à tous les travaux du ministère épiscopal : mandements et lettres pastorales (3), prédications ordinaires et extraordinaires, règlements diocésains de toute espèce (4) pour établir le bon ordre matériel

(1) Cf. l'abbé SICARD, *l'Ancien clergé de France*, I, *Les Evêques avant la Révolution, passim*.

(2) *B. S. S.*, fonds EMERY, Lettres de M. Pouderoux à M. Emery, du Puy, 1802; de M. Mazard au même, de Monistrol, 10 mars 1802 ; de M. Pichot, 8 et 14 mars 1802, datées de Vienne.

(3) Il ne se contente pas des Instructions pastorales dont nous avons parlé plus haut ; il adresse fréquemment à son peuple de courts et solides « mandements » et profite pour cela de toutes les circonstances : c'est ainsi qu'on a de lui un Mandement donné lors du « Jubilé universel accordé par N. S. P. le pape Benoît XIV, à l'occasion de l'année sainte », 1750 (*Bibl. publique du Puy*) ; un Mandement du 23 mars 1770, à l'occasion de l'avènement de Clément XIV et de la publication de sa lettre du 12 déc. 1769 annonçant un jubilé (*Arch. de la Haute-Loire*, G, 116) ; un Mandement prescrivant un *Te Deum* à l'occasion de la naissance du duc de Berry, 10 sept. 1754 (au grand séminaire du Puy) ; un Mandement invitant tous les corps séculiers et réguliers de la ville à s'unir à lui et au chapitre de Notre-Dame pour célébrer la canonisation de sainte Jeanne-Françoise Frémiot de Chantal (cf. *Archives de la Visitation* du Puy, 23-30 avril 1769), etc...

(4) Citons-en quelques-uns : 1° Règlement sur l'honoraire et droits casuels des curés, vicaires et autres prêtres ecclésiastiques du Puy, 1748 (au Séminaire du Puy) ; 2° Nouveau département des impositions ecclésiastiques du diocèse du Puy, dressé conformément aux règles prescrites par l'Assemblée générale du clergé de France... Le présent département fait et arrêté au château épiscopal de Monistrol par Mgr l'évêque président et MM. les conseillers députés de la chambre ecclésiastique du diocèse du Puy, le 11 août 1756 (au Séminaire du Puy) ; 3° Ordonnance de Mgr. l'évêque du Puy rendue le 23 mai 1753, sur la requête de son chapitre, concernant la réduction des fondations de l'église cathédrale Notre-Dame du Puy ; autre Ordonnance du 17 novembre 1754 concernant l'honoraire des messes manuelles (Ms. de la Bibliothèque du Chapitre du

et moral à tous les degrés de la hiérarchie, soit chez les réguliers, soit chez les séculiers, révision du catéchisme (1) et des livres de piété usités dans le Velay, tournées pastorales, visites supplémentaires aux paroisses et aux couvents (2), exercices religieux et missions (3), présidence hebdomadaire du conseil épiscopal, délibérations et procédures canoniques, cérémonies solennelles (4), instances pour

Puy); 4° Ordonnance de Mgr de P. permettant aux chanoines de S. Vozy de chanter laudes et vêpres, etc... pour suppléer à une clause de fondation portant que les chanoines chanteraient matines et vêpres (*Arch. de la Haute-Loire*, G, 116); 5° Règlement pour les sœurs hospitalières de Craponne, suivi d'une approbation de Mgr de P. (*Biblioth. du Puy*); 6° Prières pour les paroisses du diocèse du Puy, imprimé par l'ordre de Mgr de P. [de l'imprimerie d'Antoine Clet] (*Bibl. du Puy*).— Cf. encore, *passim*, le *Registre des délibérations capitulaires* de 1754 à 1768 (*Arch. de la Haute-Loire*, G, 314); on y voit qu'il s'occupe de détails insignifiants, comme de l'adoption du surplis à la parisienne. Il y a trace aussi de transactions plus importantes comme celle, passée avec le Chapitre, par laquelle il s'engage à contribuer pour moitié à la dépense des grosses réparations de la cathédrale (1761), *ibid.* cote G, 121.

(1) François-Charles de Béringhen avait déjà publié un Catéchisme, un an avant sa mort (1741). Son successeur, Mgr de Pompignan, ne publia le sien qu'en 1749 (Au Puy, par la Société).

(2) Il parcourut son diocèse tout entier trois fois en seize ans (*B. S. S.*, Lettres d'un de ses anciens grands vicaires, M. Mazard, à M. Emery, 10 mars 1802). — On le voit assister à de simples fêtes de paroisses, quand il le peut. Par exemple, aux Archives paroissiales de la Chapelle-d'Aurec (Haute-Loire), dans un petit cahier manuscrit intitulé : *Fêtes de dévotion de S. Eustache de la Chapelle*, on lit, à la date du 20 sept. 1751 : « Mgr de Pompignan fut à la fête, et il accorda la bénédiction du S. Sacrement au dit jour à la grande messe et à vêpres à perpétuité. » — On voit aussi par les *Archives de la Visitation* du Puy avec quelle assiduité il visite les communautés, se mêle à la vie religieuse et prend part aux cérémonies qu'on y célèbre.

(3) Un de ses premiers soins fut d'attirer au Puy le P. Brydaine. « Le savant prélat partagea les travaux de la mission par plusieurs conférences importantes où son savoir, la beauté de son génie, la justesse et la précision de ses idées, la sagesse de ses décisions brillèrent avec éclat. Il parut plein d'admiration pour Brydaine ; et il disait hautement, à la vue des effets inspirés de son zèle, que l'on n'avait pas vu de plus grand homme dans ces contrées, depuis saint François Régis, l'apôtre du Vélay. » Extrait de la *Vie du Père Brydaine*, par CARRON, Avignon, 1831, p. 67.

(4) Parmi ces cérémonies, il faut compter l'Entrée solennelle de l'évêque du Puy : les comptes consulaires du Puy pour 1743 parlent, entre autres sommes dépensées, de celle « de deux cents vingt-sept livres dix-sept sols trois deniers payée à l'occasion de la première entrée de Mgr Le Franc de Pompignan... en conséquence de l'ordonnance de Mgr l'intendant qui authorise les sieurs consuls d'en

une cause de béatification (1), rapports avec le chapitre et
le clergé, fondations, entretien, surveillance des écoles (2),
des séminaires (3), encouragements et avis prodigués aux
œuvres d'assistance (4). — Mais il ajoute encore, s'il se

faire l'avance pour la dite dépense jusqu'à la somme de deux cents
cinquante livres... ». (Collection de M. Lascombe, bibliothéc. de la
ville du Puy.) — Sur cette Entrée, cf. aussi *Tablettes du Velay*,
4e année, 1er sept. 1873. — On voit aux *Arch. de la ville du Puy*,
liasse A A, 8, dans les comptes qui concernent l'entrée de Claude de
la Roche-Aymon (1705) « qu'il y a un usage établi pour la réception
des évêques [du Puy] qui en sont seigneurs temporels avec le Roy »,
et que, dans cette occurrence, les consuls ont recherché exactement
« les mémoires et délibérations que leurs devanciers auraient prises
en pareil cas ; ils en trouvèrent plusieurs, même un petit livre imprimé pour l'entrée de Mgr de Béthune, leur dernier évêque... »

(1) On lit dans la *Vie de la Vénérable Mère Agnès de Langeac*
(édition Emery, 1808) que Mgr de Pompignan s'occupa de la béatification de cette religieuse et écrivit au pape à ce sujet.

(2) Aux *Arch. de la Haute-Loire*, B, 57, donation par Marie de
Colin des Rois aux Frères des Ecoles chrétiennes, d'une maison sise
à Gouteyron, et ce, de l'agrément de Mgr de Pompignan qui con-
tribue ainsi à l'établissement au Puy des dits Frères ; aux mêmes
archives, B, 70, donation par Marie Sarda, de Grazac, à Mgr de Pompignan (probablement pour la fondation d'un couvent de Saint-
Joseph). — Il existe aux *Arch. de l'Hôpital général* du Puy (Registre
des délibérations, 1741-1757) un procès-verbal assez détaillé de la
délibération qui eut lieu au sujet de la première de ces donations.
M. Mercier en a vu une copie dont il nous a communiqué le résumé :
le 24 avril 1744, réalisant le désir de son prédécesseur, M. de la
Roche-Aymon, qui avait déjà laissé 1.000 l. pour les écoles, M. de
Pompignan donna son agrément à l'arrangement passé avec Marie
Colin des Roys, portant cession de la maison, du jardin et des
champs de Gouteyron « aux Frères des Ecoles chrétiennes de la
maison de Saint-Yon », à la réserve des « loyers et revenus de la
maison qui appartiendraient à la dite dame pendant sa vie, et à la
charge par les Frères d'instruire et de faire enseigner à l'avenir...
tous les enfants de la ville du Puy qui se présenteront dans leurs
écoles ». La donation est acceptée par Fr. Justin, directeur des écoles
du Puy, fondé de pouvoirs du Fr. Timothée, sup. gén., de Fr. Iré-
née et de Fr. Etienne, 1er et 2e assistants. Les biens sont évalués à
4.700 l.

(3) Ordonnance de Mgr de Pompignan réglant l'union au séminaire du prieuré du Saint-Chrême, oct. 1748. (*Arch. de la Haute-
Loire*, G, 314.)

(4) Mgr de Pompignan est un des principaux bienfaiteurs de
l'Hôpital général du Puy. De plus, on le voit s'occuper avec activité
de toutes les questions de soulagement corporel des fidèles confiés à
sa garde ; c'est lui qui intervient, par exemple, dans la fondation de
la communauté des religieuses de la Croix, instituée pour desservir
l'hospice de Craponne (lettres du 31 mai 1745). V. *Annales de la Société acad. du Puy*, 1852. — Lorsqu'un incendie eut détruit le monastère des Bernardines de Montfaucon (1755), c'est lui qui s'occupa

peut, à ce fardeau, par l'application minutieuse qu'il apporte à l'accomplissement de chacune de ces fonctions. Il y a même des offices dont il semble qu'il eût pu se décharger sur d'autres, par exemple la direction spirituelle des religieuses, et qu'il prend pour lui : on en trouve dans les *Archives de la Visitation* du Puy la preuve touchante (1), et ce n'est pas la seule qu'on pourrait fournir.

Or, tout cela — et tout cela, encore une fois, c'est la vie d'un évêque, — ne compose que la moitié de la vie de notre prélat.

Dans cette petite ville de province un peu morne, à peine troublée dans son repos par des passages de troupes ou par la visite de Mandrin qui s'y faufile un jour sans coup férir, il semble que ce doive être une chose inconnue que le surmenage. Il y a pourtant un homme surmené, c'est l'évêque du Puy, à qui la tradition confère, jusqu'à la fin du xviiie siècle, plusieurs prérogatives dans l'ordre civil. Qu'il tienne à ces prérogatives, comme à un dernier vestige de puissance temporelle, comme à une source d'influence dont profitera son ministère spirituel, c'est ce qui s'explique assez aisément. Mais alors quel nouveau champ s'ouvre à son activité ! Il faut qu'il assiste, au moins d'ordinaire, aux Etats du Velay (2) dont il est le président-né, quelquefois aussi aux Etats du Languedoc (3); qu'il entretienne des rapports assez suivis avec la ville, constituée en corps de

de faire rebâtir le monastère, et de pourvoir en attendant à l'entretien des religieuses dispersées par ses soins dans les couvents de son diocèse. (*Arch. de la Visitation* du Puy, décembre 1755.)

(1) « Parmi les bienfaits dont cet illustre prélat nous a comblées, un des plus intéressants, c'est la faveur qu'il nous a faite de se réserver le titre de notre *Père spirituel*, et de le transmettre *en son absence* à M. l'abbé Delabrosse, abbé de Saint-Vozy. » (De la Mère Rosalie de Mabille, nov. 1770, *Arch. de la Visitation* du Puy.)

(2) Il y assiste, notamment en 1744, 1745, 1747, 1748, 1753, 1755, 1757, 1761, 1763, 1765, 1767, 1769, 1770, 1774. (Cf. *passim* Arnaud, *Histoire du Velay*, au Puy, 1816.)

(3) En 1756, le chapitre envoie une députation pour le saluer à son retour des Etats du Languedoc (*Reg. des délib. capit.* aux *Arch. de la Haute-Loire*) où il a séjourné six semaines, nous le savons par le début de sa seconde lettre à M. D. C., du 24 juin 1756. (Migne, I, 467.)

communauté, avec les consuls (1); qu'il s'instruise des intérêts débattus dans les assemblées auxquelles il prend part. Et sous son pontificat ces intérêts sont multiples : on peut en lire le détail dans Arnaud, le consciencieux historien du Velay, qui se borne souvent à donner la liste des travaux des Etats ; ce ne sont pas seulement des questions de préséance, qui ont toujours leur côté sérieux sous l'ancien Régime, ce sont des affaires beaucoup plus graves : achèvement de routes, gratification aux entrepreneurs des postes, subventions aux créateurs de manufactures de coton, de soie, de mousseline, emprunts et dettes à régler, indemnités et secours à fournir en cas d'inondation, d'incendie ou de famine, privilèges à obtenir ou à maintenir, défense du peuple du Velay contre les commis des fermes, modération du droit de capitation (2). De toutes ces affaires Pompignan se désintéresse si peu qu'on le voit à l'occasion plaider en haut lieu la cause des habitants du Velay, ou emporter les commissions des Etats quand il se rend à l'Assemblée du clergé de France (3). — Car il voyage assez souvent, contrairement à ses goûts qui seraient pour la vie sédentaire (4) ; d'abord il ne manque guère les Assemblées

(1) Cf. dans Arnaud, *op. cit.*, t. II, la note VII sur *Les Consuls de la ville du Puy*, p. 404, et la note VIII sur Les *Etats particuliers du Velay*, p. 423. — D'autre part, M. Lascombe a publié une lettre (s. d.) où le prélat recommande Gabriel de Chastel de Chateauneuf, seigneur de Cussac, comme premier consul à élire par la communauté, 1755-6. (*Tablettes du Velay*, 3e année, 1872-1873.) — Enfin, nous avons vu aux *Arch. de la ville du Puy*, AA, I, une lettre du 22 nov. 1760 où il propose de la même façon, et pour le même emploi, M. Vachon d'Agier. Une autre lettre du 10 août 1770, datée de Monistrol, engage les consuls à lui faire signifier un arrêt du parlement de Toulouse, « démarche de droit, ajoute-t-il, et que je puis encore moins désapprouver, après les égards que vous m'avez témoignés à cette occasion », AA, I.

(2) D'après Mme Brioude, *Rech. hist. sur une partie du Velay, princip. de la ville de Tence*, p. 137, en note, c'est à Pompignan aussi que serait due l'introduction de la pomme de terre dans le Velay. Cette conjecture n'est pas appuyée sur des preuves suffisantes. M. Emery (Migne, I, 15) attribue pour une grande part l'introduction et le développement de l'industrie de la dentelle au zèle du prélat.

(3) Cf. Arnaud, *op. cit.*, pp. 301-365.

(4) *B. S. S.*, lettre de M. Mazard à M. Emery, 10 mars 1802 : « Malgré l'attrait bien prononcé qu'il avait pour la vie sédentaire et du cabinet... »

du clergé (1) où il fait toujours grande figure, où il parle,
conseille, négocie, rédige des rapports ; mais il arrive aussi
qu'il part pour d'autres motifs, qu'il est mandé par la Cour,
comme au moment où il s'agit de préparer le retour
de Christophe de Beaumont à Paris (2).

A ces occupations de rigueur et qu'il ne peut guère fuir,
il faut joindre celles que son tempérament le porte à chercher : il aime à intervenir à titre d'arbitre, de modérateur,
dans certains litiges (3). Lui-même entreprend, avec le
concours de ses hommes d'affaires, du notaire Assézat
par exemple, d'assez nombreux procès : c'est qu'il ne veut
laisser périmer aucun de ses droits ; il ne cède jamais que
lorsqu'ils ont été reconnus (4). De prime abord, il fait même

(1) « On le voit fort jeune paraître à l'assemblée du clergé de 1740 ;
il n'était que sous-diacre et fut député par la province de Vienne, à
raison d'une petite chapelle qu'il possédait dans le diocèse de Grenoble, etc... Député à l'Assemblée du clergé de 1755, il y prononça
le discours d'ouverture, fut nommé membre du bureau de juridic-
tion, et présenta un mémoire contre les mauvais livres, etc... »
Cf. Picot, art. Pompignan, dans la Biographie Michaud qui signale
encore la présence du prélat aux assemblées de 1760, de 1765, de
1775. — Nous avons parlé plus haut des divers écrits occasionnés
par sa participation à ces assemblées. Migne, Œuvres, I, et surtout II,
contient ces divers écrits, et, en outre, un certain nombre de rapports
de discipline et d'affaires dus au prélat, rapports qui sont extraits des
Procès-verbaux de l'Assemblée du clergé, en particulier du t. VIII.

(2) « ... Au milieu de ce calme profond, nous ne cessons d'élever
nos mains et de pousser nos cris vers le ciel pour le fléchir en faveur
de l'Eglise et de ses peuples... La Cour, pour s'aider à cet égard de
la sagesse et des lumières de Mgr notre évêque, l'ayant appelé, nous
restons privées de la visite dont sa Grandeur daigne annuellement
nous honorer. » (*Arch. de la Visit.* du Puy, 1er février 1759.)

(3) « Il avait l'esprit conciliateur, dit son secrétaire, l'abbé Pichot,
14 mars 1802, et il s'en servait pour ramener la paix dans les familles
divisées. » (*B. S. S.* fonds Emery.) De cette affirmation les preuves
abondent ; M. Mercier nous en a communiqué plusieurs, d'après les
minutes du notaire Assézat, homme d'affaires de Mgr de Pompignan :
le 19 mai 1753, M. de S.-Privat accepte la médiation de l'évêque
dans un procès avec l'Hôpital ; le 28 mars 1749, il résout, à la satisfaction du chapitre et de ses commissaires, MM. de Créaux et
Nolhac, un différend entre ledit chapitre et M. Richer, prévôt, au
sujet de la nomination à la prévôté de Notre-Dame de Gourdon, etc.

(4) Les transactions sont presque aussi nombreuses que les assi-
gnations dans les papiers de l'évêque : M. Mercier nous signale une
transaction de 1755 avec Louis-Marie de Caillebot, marquis de la
Salle au sujet de la mouvance de la terre et seigneurie de Dunières ;
une autre, résultant d'une sentence arbitrale, avec dame Louise de
Saint-André, veuve du marquis de Nicolaï, au sujet de la mouvance

4

l'effet d'un homme qui cherche à se créer des ressources, disons le mot : d'un évêque procédurier. Et cette impression serait des plus fâcheuses, si l'on ne savait, d'une part, qu'il s'en est rendu compte lui-même, qu'il s'en est excusé en déclarant, à la suite de Bossuet, qu'il a voulu défendre « les dehors de la sainte cité », parce que « dans tous les pays, l'avilissement du clergé et la déprédation des biens ecclésiastiques ont été les premières démarches vers le schisme et l'hérésie » (1) ; si l'on ne savait, de l'autre part, quel usage il a fait de ses propres deniers. « Sa charité

du Mazel (*Arch. de la Haute-Loire*, G, 60). De même un accord intervient entre le prélat et Pierre de Soulages, prieur de Chamalières, baron de Confolent, au sujet des dîmes de Ventressac, etc. 1765 (*Arch. de la Haute-Loire*, G. 54), etc...

Le 23 octobre 1774, dans une lettre adressée de Vienne à la supérieure du couvent de Sainte-Claire du Puy, il se montre fort affligé qu'on ait prétendu se servir contre elle d'une quittance accordée « pour un motif de charité » à la fille du Sr Nolhac, fermier de l'évêque du Puy. « Vous savez, dit-il, qu'il n'a jamais été rien demandé à votre communauté de ma part ni de celle de mes fermiers, tandis que j'ay été au Puy... Je vous authorise à assurer, s'il est nécessaire, que les censives dües par votre maison à l'évêché du Puy, supposé qu'il y en ait effectivement quelques-unes, n'ont jamais été comprises dans le recouvrement confié à mes fermiers, etc... » (*Archives de Sainte-Claire* du Puy.) — Mgr de Pompignan ne fut d'ailleurs pas toujours aussi conciliant. Ses efforts pour amener la réunion de l'abbaye de Saint-Chaffre du Monastier à sa mense métropolitaine de Vienne, « malgré les protestations des religieux et des habitants du Monastier (1776 à 1786) », ont laissé de fâcheux souvenirs dans le diocèse du Puy. — Sur l'hist. de S. Chaffre, Cf. *Cartulaire de l'abbaye de Saint Chaffre du Monastier*, etc..., par le chanoine Ulysse Chevalier, Le Puy et Paris, 1888, p. XXXIII ; sur la réunion de Saint-Chaffre à l'archevêché de Vienne, la bulle d'annexion publiée par le Dr Charreyre dans les *Tablettes du Velay*, VI. 1er nov. 1875. M. l'abbé Arsac a donné aussi, dans l'*Echo du Velay*, d'intéressantes notes dont il a accompagné la publication d'une requête des habitants du Monastier contre cette annexion. Dans sa riche collection de documents sur le Forez et le Velay, M. Chaleyer avait un manuscrit autographe signé de M. de Pompignan, document que le catalogue de cette bibliothèque intitule : *Etat du diocèse du Puy en 1756*, et qu'il qualifie de curieux. Ce manuscrit se trouve aujourd'hui aux *Archives de la Loire*. Il est coté sous le no 1155, avec la mention : (Manuscrit aut. signé. — In-fol. 6 pp.).

(1) Il s'est toujours préoccupé de la bonne administration des biens ecclésiastiques tant des réguliers que des séculiers. Taine, *Origines*, I, 65, cite de lui une excellente observation sur la différence, au point de vue des rendements, entre la mense abbatiale et la mense monacale. — Cf. aussi Migne, I, 189-190 et II, 308-394, *passim*.

envers les pauvres était immense, écrira plus tard à M. Emery, M. Mazard, un de ses anciens grands vicaires. Il employait à l'entretien de sa maison à peu près le tiers de ses revenus. Le surplus était versé dans le sein des pauvres par des aumônes connues et par un plus grand nombre dont il se réservait le secret (1). »

N'est-il pas temps de se demander quand l'évêque du Puy trouve le loisir de se livrer à sa tâche intellectuelle? Il serait, on vient de le voir, assez malaisé de le déterminer. Ce qui est certain, c'est qu'il doit profiter des moindres instants de liberté et de solitude, c'est qu'à défaut de répit il écrit comme il peut et quand il peut. Pour ne citer qu'un exemple, les deux lettres au ministre genevois sont improvisées, la première au milieu des cérémonies de la Semaine Sainte, à la veille d'un voyage à Paris, la seconde à la suite de ce même voyage, qui s'est compliqué d'un séjour de six semaines aux Etats du Languedoc, et de beaucoup d'affaires à traiter au retour (2).

Décidément, nous ne comprenons plus aujourd'hui qu'un apologiste soit si occupé, si tiraillé en sens divers. Une activité aussi prodigue d'elle-même nous inquiète. Nous louons le désintéressement de qui se dépense à une besogne si évidemment disproportionnée avec le temps, avec les ressources scientifiques dont il dispose. Mais c'est d'un autre côté que, d'instinct, nous cherchons une lumière plus sûre, du côté où vivent les hommes d'étude, dans la région sereine, peuplée de livres, égayée de doctes entretiens, où se réfugient les spécialistes qui ont pu donner ou cru devoir toutes les heures de leur existence à la vérité religieuse, à la méditation des problèmes si divers qu'elle soulève.

La vérité religieuse ne vaut-elle pas après tout ce sacri-

<hr>

(1) Lettre du 10 mars 1802. — L'abbé Pichot renchérit encore sur M. Mazard, dans sa lettre du 14 mars de la même année : « *La moitié de son revenu était employée à cette bonne œuvre* (les aumônes), j'en ai été moi-même le distributeur dans le temps de son épiscopat à Vienne. J'ai été aussi témoin de celles qu'il faisait au Puy, surtout les trois dernières années, où j'avais l'honneur d'être son aumônier. » B. S. S., fonds EMERY, cf. *Appendice B*.

(2) MIGNE, I, 425 et 467.

fice de toute une vie ? Est-ce même là, pour le très petit nombre de ceux à qui elle l'impose absolument, à chaque époque de l'histoire, un véritable sacrifice ? — Il a, en tout cas, sa récompense dès ici-bas.

*
**

Observez, Messieurs, qu'en demandant pour l'apologiste, un peu de solitude, nous ne confondons pas solitude et isolement. A supposer que Pompignan ait pu créer autour de lui, à de rares intervalles, la solitude qui n'était guère compatible avec le train ordinaire de ses occupations, il est demeuré, même alors, dans l'isolement. Expliquons-nous : il est demeuré loin des livres et loin des hommes qu'il avait besoin de fréquenter. Loin des livres, d'abord. Il en connaît pourtant beaucoup, et d'anciens, et de récents, à n'en juger que par l'appareil de notes qu'il joint, quand il le veut, à ses propres ouvrages. Et, à entendre ce qu'il dit quelque part des rabbins : « Nous les avons dans nos bibliothèques » (1), il semble même qu'il ait senti le besoin d'informations plus exactes et plus étendues.

C'est pourquoi chaque jour il a développé sa bibliothèque personnelle, qui atteignit plus tard, à sa mort, le chiffre considérable de 10.000 volumes. Mais il ne faut point s'y méprendre : la littérature de plusieurs des sujets qu'il traite lui échappe partiellement ; il lui arrive de n'avoir lu que l'auteur qu'il réfute ; et c'est trop peu, même au xviiie siècle, où il y a entre les auteurs des rapports de voisinage très intéressants à observer. Possède-t-on par exemple la pensée de Spinoza pour en avoir rencontré çà et là quelques citations, pour avoir, fût-ce la plume à la main, parcouru l'un ou l'autre de ses ouvrages (2) ? Suffit-il de saisir la

(1) Migne, I, 126.
(2) Parmi les cahiers manuscrits appartenant aux papiers de l'archevêque qui nous ont été gracieusement communiqués par M. le marquis Le Franc de Pompignan, nous avons cru reconnaître une analyse du *Tractatus theologico-politicus* de Spinoza, un résumé du traité *De la fréquente communion* d'Arnauld, des notes critiques prises probablement dans un auteur janséniste sur les propositions condamnées par la bulle *Unigenitus*. Ç'a été pour nous une précieuse

doctrine de Newton à travers les « réclames » de Voltaire ?
D'ailleurs comment, sans le recours aux grandes collections
qui ne sont pas à sa portée, — la province étant alors moins
riche en ressources de ce genre qu'aujourd'hui, et plus
éloignée, s'il se peut, de Paris — comment entretenir les
connaissances fort sérieuses qu'il a acquises autrefois de
plusieurs matières ? S'il a jamais appris l'hébreu, comme
son frère Jean-Jacques (1), on ne voit pas clairement qu'il
se soit perfectionné dans cette langue, ni même qu'il ait
utilisé ce qu'il en savait. De même a-t-il songé que la cul-
ture de l'anglais pourrait lui être d'un grand secours pour
contrôler l'érudition facile d'un Voltaire qui, faisant flèche

indication sur la méthode de travail du prélat, car ces notes sont tout
au moins de la main d'un secrétaire et ont dû être prises sur son
ordre.

Quant à la composition de sa bibliothèque, il était intéressant de
connaître le *Catalogue des livres de M. Lefranc de Pompignan, ci-
devant archevêque de Vienne*, in-8°, sorti des presses de l'imprimeur
lyonnais Faucheux, et édité par Chize en 1791. (Cf. *Revue de Vienne*,
2e année, 1838, art. de M. Vital Berthin, p. 194, note 1.) Il nous a été
impossible de retrouver cet opuscule à la bibliothèque de Lyon où
il se trouvait autrefois porté sur le grand catalogue, sous un numéro
d'ordre qui ne correspond plus avec la classification actuelle. M. de
Terrebasse en possédait heureusement un exemplaire qu'il a bien
voulu mettre à notre disposition. Pour l'ordre de la Vente (on prévoyait 43 séances), les ouvrages de l'archevêque ont été rangés hâtivement en cinq grandes séries : Théologie, Jurisprudence, Sciences
et Arts, Belles-Lettres, Histoire, sous 3.355 numéros, ce qui porte le
chiffre total des volumes à plus de 10.000. Les livres simplement
curieux y sont rares : c'est une bibliothèque *utile* où les auteurs contemporains foisonnent, encore que les écrivains de l'antiquité, les
Pères de l'Eglise, les classiques y soient largement représentés. Elle
semble s'être beaucoup accrue durant la seconde partie de la carrière
du prélat, dans les dernières années de son séjour au Puy, et aux
premiers jours de l'épiscopat à Vienne. — A noter le soin avec lequel
l'évêque recueille tous les documents qui concernent les Assemblées
du clergé, la curieuse sympathie qu'il accorde — un peu tardivement
— aux écrits qui touchent aux sciences physiques et naturelles. (Il
ne connaît toujours Newton que par des ouvrages écrits en français).
— Il collectionne enfin ce que nous appellerions aujourd'hui les instruments de travail : on ne peut conclure de là qu'il les ait mis toujours à profit. Pour l'Ecriture Sainte, la Théologie, l'Histoire, la
Grammaire, il possède, en tout cas, un grand nombre de livres de
fonds : et on s'explique, à en voir la liste, combien il lui fut dur de
discuter avec les écrivains dont la conscience s'accommodait d'informations superficielles, fournies au jour le jour par un libraire com-
plaisant, comme fut, par exemple Cramer pour Voltaire.

(1) Cf. Maury, *Discours de réception à l'Académie*, p. 52, dans
l'*Essai sur l'éloquence de la chaire*, 1827, t. I.

de tout bois, va demander aux écoles critiques d'outre-
Manche des arguments tout faits contre nos saints Livres :
il y aurait eu intérêt, pourtant, à le prendre dès lors en
flagrant délit de médiocre vulgarisation, d'abus des textes,
de contradiction ou de supercherie, comme le fera ensuite,
sans aucune peine, l'abbé Guénée.

Nous avons ajouté que Pompignan a vécu trop loin des
hommes : cela paraîtra surprenant, si l'on oublie que voir
beaucoup d'hommes, et de très haut, n'est pas toujours la
meilleure condition pour les voir de près et les bien voir.
Du reste, quand il sort de son diocèse pour se rendre à
Paris ou à Versailles, il se tient à distance des milieux où
l'on agite les difficultés qui le préoccupent. Sa dignité, son
caractère, ses goûts ne sont pas faits pour le rapprocher
des écrivains suspects. « Nous n'en connaissons aucun personnellement », écrit-il (1). Pour peu qu'on se souvienne du
ton, des mœurs, des habitudes d'esprit, reçues dans les
salons, dans les coteries littéraires (où l'évêque aurait pu
avoir, par son frère, un facile accès, du moins avant l'éclat
de 1760 à l'Académie) (2), peut-on le blâmer de cette réserve ? Il a raison de garder cet air ecclésiastique, ces façons
de grand seigneur, qui, jusqu'au dernier jour de l'ancien
Régime, en imposent aux plus frivoles. — Malheureusement il n'a même pas l'avantage de savoir ce qu'on pense
et ce qu'on dit « dans la bonne compagnie ». Il en a si bien
conscience qu'ayant eu un jour à parler des « ennuis de la
résidence dans certains pays », il laisse entendre qu'il plaint
ceux qui sont réduits « à une société si différente de celle
qu'ils ont quittée, et qu'il ne tiendrait qu'à eux de rejoindre
avec d'autant plus d'agrément que, dans leur nouvel état,
ils seraient reçus avec plus de distinction (3) ».

Sentez-vous maintenant quels dommages peuvent résul-

(1) Migne, I, 38.
(2) Le poète magistrat ne revint plus guère ensuite à Paris, et, en
tout cas, il n'y parut pas à l'Académie. D'après Maury (*loc. cit.*, p. 68),
toute sa vie académique ne se serait composée que de deux séances,
« celle de son adoption, celle de son éloge funèbre ».
(3) Migne, II, 502.

ter de telles conditions de vie ? — Pour l'apologiste, une vie encombrée, c'est déjà une vie dispersée, par suite moins féconde. Mais surtout que ne perd-il point à être isolé ? Il entre dans sa mission d'adapter la doctrine aux besoins changeants des esprits, tout en veillant scrupuleusement à la légitimité de cette adaptation et à la garde des positions acquises. Et voici que l'isolement peut avoir pour lui le double et contraire effet, ou d'exagérer ses inquiétudes jusqu'à l'impuissance, ou de donner du relief à ses audaces que le travail de la pensée solitaire poussera naturellement ensuite — et logiquement — jusqu'à la témérité. Ce second effet, on pourrait à la rigueur l'observer à travers les idées qui furent un jour celles de Pompignan en politique. Apologiste, — nous le verrons bientôt, — il a couru plutôt, par sa timidité intellectuelle, cet autre danger, plus banal, de ne pas aller jusqu'au bout des accommodements permis et nécessaires.

Peut-être l'évêque du Puy a-t-il trop aimé son cabinet de travail ! Quand, le tracas des affaires cessant, il peut y séjourner quelques semaines, il n'en sort guère que pour aller prêcher, le dimanche, à l'église paroissiale, et, les jours ouvriers, pour prendre, à la suite d'un frugal repas, quelques heures bien gagnées de récréation. Le soir, après avoir rassemblé selon son habitude toute sa maison, récité lui-même la prière, on l'imagine sans peine qui remonte près de ses livres, afin de se consoler, en les interrogeant, d'avoir perdu la société des hommes d'étude, ses contemporains. « J'ai toujours pensé, écrivait de lui un de ses grands vicaires (1), que son commerce ininterrompu avec les morts ne lui avait pas assez fait connaître les vivants. »

Il faut méditer cette parole. Elle expliquerait à elle seule quelques-uns des défauts de son œuvre.

(1) *B. S. S.*, fonds Emery, lettre de M. Mazard, 10 mai 1802. Pour les détails qui précèdent, voir la même lettre, et, de plus, celle de M. Pichot, 14 mars 1802, à l'*Appendice* B.

III

IMPERFECTIONS DE L'APOLOGÉTIQUE DE LE FRANC DE POMPIGNAN

Et, pour commencer, son apologétique est forcément un peu spéculative.

Trop de généralités, trop d'abstractions, pas assez de réalités vivantes. De même que le siècle s'attache dans ses rêves à un idéal de gouvernement abstrait, de société abstraite, et qu'il poursuit le bonheur chimérique de l'homme en soi, Pompignan, plus rapproché de son siècle en cela qu'il ne pense, travaille de son côté pour la conversion d'un impie qu'il se représente conformément à une formule bien construite sans doute, mais qu'il ne convient assurément pas d'appliquer à tous les cas individuels avec la même rigueur. C'est pourquoi il a gardé tant de calme, tant d'optimisme même, en traitant avec ses adversaires. S'il avait davantage coudoyé l'incrédule réel, le philosophe impie, le libertin attardé, son âme honnête en eût éprouvé plus d'horreur encore, car jamais peut-être il n'y a eu d'incrédules moins sympathiques qu'en ce milieu du xviiie siècle. Jamais du moins il n'y en a eu qui aient plus abusé des dons de la nature — et pourquoi ne pas le dire aussi ? — de la grâce. Que Pompignan ne les ait point assez observés, cela ne prouve du reste à peu près rien contre ce que nous écrivions plus haut de sa pénétration, car la logique, à défaut d'autres instruments, l'aurait aidé à bien voir, à être bon psychologue, bon moraliste. Si l'on peut oser cette expression, c'est un psychologue déductif. Il y en a ainsi qui s'efforcent de suppléer, par la valeur tangible des principes, par la vigueur dialectique qu'ils déploient à en extraire les conséquences, aux lacunes souvent involontaires de leurs expériences trop courtes. Pompignan est de ceux-là.

Et comme il a compté uniquement sur la raison pour analyser l'incrédule, il ne compte aussi que sur elle pour le convaincre. Il est bien le fils spirituel de Descartes ; il ne croit pas qu'il y ait au vrai d'autres avenues que le raisonnement. S'il appelle parfois à la rescousse les sciences positives, telles que l'histoire, l'économie politique naissante, c'est à titre d'auxiliaires, d'humbles servantes de la philosophie. Il n'a pas du tout cette idée commune chez nous, catholiques, depuis Newman, Gratry, Ollé-Laprune, que la dialectique, même la plus puissante, même la plus sincère et la plus souple, est incapable, en plusieurs cas, de produire certaines convictions, quand elle n'accepte pas le secours de toutes les forces conscientes — ou subconscientes, comme on dit encore aujourd'hui, — de l'être, quand elle ne fait pas appel aux raisons du cœur que la raison ne connaît pas, quand elle compte enfin sur ses seules ressources, ou à peu près, pour triompher de l'homme qui n'est pas seulement un être de raisonnement, mais un pauvre être de désir qui a un besoin de confiance infini, un être complexe, en somme, qui croit avec le secours de la grâce et de la raison sans doute, et d'abord, mais aussi avec *toute* son âme.

*
* *

Du reste Pompignan ne se borne pas à écrire pour les ennemis de la religion ou plutôt contre eux. Il vise évidemment un autre public, celui dont il défend la foi.

Ici, Messieurs, apparaît encore une de ses insuffisances. — Ce public n'est pas assez déterminé dans son esprit. Ses adversaires sauront bien le lui reprocher. A plus d'une reprise, ils l'accuseront de présenter aux « laboureurs, merciers et vignerons du Velay » des argumentations qui les dépassent, de les appeler comme juges dans un débat où ils ne voient goutte (1). Vous reconnaissez là les dédains aristocratiques de l'intellectualisme pour les masses, la distinction chère à Voltaire, comme elle l'a été depuis à Renan, entre l'élite et le vulgaire qui, à les en croire, ne seraient pas du tout égaux devant la vérité (2). Toujours est-il que, si Pompignan travaille pour l'ensemble des fidèles de son diocèse, il fallait un autre genre d'exposition que celui qu'il adopte; et que, s'il écrit pour les gens instruits, il devait donner plus d'ampleur et de profondeur à son apologétique.

De cette fâcheuse incertitude naît pour le lecteur un embarras étrange, celui que provoque, aujourd'hui encore, toute entreprise du même genre, quand la destination n'en est pas plus précise. On se demande : — Est-ce de l'apologétique savante? Est-ce de l'apologétique populaire? — C'est trop ou trop peu. L'ignorant s'étonne qu'on le promène à travers des difficultés qu'il conçoit à peine; quant au savant, il risque de s'échapper à travers les mailles trop larges du filet où on veut l'enserrer. A quelle moyenne presque insaisissable d'esprits l'auteur s'adresse-t-il donc?

Pompignan savait pourtant que ses livres seraient répandus ailleurs que dans sa province, qu'on les accueillerait probablement à la ville, à la Cour, qu'ils tomberaient entre les mains des philosophes, qu'ils serviraient au moins de thème éphémère à discussion dans les milieux littéraires et dans les gazettes. De fait, n'aurait-il pas dû renoncer à la forme de l'*Instruction pastorale* qui donne le change sur ses intentions, en laissant croire qu'il écrit pour son troupeau, quand il veut atteindre aussi une portion beaucoup plus considérable du public français? Ce titre

(1) VOLTAIRE, éd. DESOER, *Première Lettre à un Quaker.*
(2) Contre ces dédains Pompignan a protesté avec éloquence dans l'*Instruction pastorale* de 1763 : « Il sont hommes : ils ont le même droit que les grands, que les riches, que les savants, que les génies les plus élevés, aux vérités intéressantes pour l'humanité en général, ils en composent la plus grande partie; ils peuvent et doivent être instruits de ce qui concerne ses devoirs, sa destination et son bonheur. Le travail des mains, quel qu'il soit, s'accorde avec ces connaissances... » MIGNE, I, 194.

d'*Instruction pastorale*, il l'adopte, en effet, pour deux documents considérables : *La prétendue philosophie des incrédules* et *L'Hérésie*. Il espère trouver sous cette enseigne consacrée, un cadre aussi large que commode, pour faire, au moment voulu, l'inventaire de toutes les opinions en vogue qui lui paraissent, ou contraires à la religion, ou périlleuses pour elle : c'est ainsi qu'en 1763 il ne s'en prend pas seulement aux théories opposées à la foi, mais à celles-là aussi qui, par des voies détournées, sapent le gouvernement établi, et, par là, préparent avec la ruine de l'Etat celle de l'Eglise (1). Cela lui ouvre un champ très vaste, il l'élargit encore en abordant le problème du *luxe* et celui de la *population*, en critiquant, avec beaucoup de bon sens, du reste, les idées économiques qui ont alors la faveur du public (2). De là, l'aspect bizarre, confus, qu'offrent la plupart de ses écrits. Il enferme toute sorte de matériaux dans une construction ample et massive, où toutes les disparates s'effacent, croit-il, à l'aide de certains artifices de plan qui ne trompent personne : du moins se figure-t-il avoir échappé de la sorte au décousu qu'il reproche non sans raison au *Dictionnaire portatif* (3). Il lui

(1) « Est-il bien certain qu'une secte de philosophes, tels que ces messieurs veulent l'être, ne serait pas dangereuse dans un État ?... On peut juger par leur doctrine de ce qu'ils feraient s'ils parvenaient jamais à former un corps uni et puissant... Des hommes qui mettent dans leurs écrits tant de fiel et de venin n'épargneraient pas les voies de fait et les hostilités, s'ils avaient d'autres armes que la plume. — Des prétextes pour colorer leurs entreprises ? Un parti en a toujours. Ils deviennent plausibles quand il est en état de se faire écouter. Le parti philosophiste aurait ceux que nous lisons dans ses écrits : les dangers de la superstition, les droits de la liberté, ceux de la vérité ignorée parmi les hommes... Avec de tels prétextes... on verrait bientôt des églises dépouillées, des autels abattus,... le service divin aboli partout où l'étendard de l'irréligion serait impunément déployé ! Après cela, que faudrait-il de plus pour allumer le feu d'une guerre civile ?... Mais toutes ces craintes sont chimériques, je le sais et je l'avoue... » Migne, I, 195.

(2) Migne, I, 182-189.

(3) «... Le dictionnaire a un vice qui lui est propre... : c'est la nomenclature alphabétique. Cette méthode n'a jamais été approuvée par les bons critiques et les vrais savants, que dans les ouvrages uniquement destinés à enrichir ou à soulager la mémoire... Ils l'ont jugée insoutenable dans tout ouvrage de raisonnement, etc... » Migne, I, 246, note.

semble impossible de parler sérieusement de philosophie dans un dictionnaire : n'est-il pas plus difficile encore de faire tenir une revue ou une encyclopédie dans une *Instruction pastorale?*

** **

Et parce qu'il traite trop de questions, parle de trop de choses, il lui arrive nécessairement, sauf pour les objets de science purement ecclésiastique, d'être incomplet ou superficiel. S'il avait étudié plus à fond, suivi avec plus de sympathie le mouvement des idées, il aurait réfléchi que le « criticisme de Bayle n'étant qu'une application du doute cartésien à des matières réservées » par Descartes (1), il y avait peut-être lieu de se déprendre d'une philosophie qui avait servi à propager tant de germes funestes à la religion, qui n'avait en tout cas prévenu ni empêché aucun mal, et il l'aurait enveloppée dans le même jugement sévère qu'il porte en plusieurs endroits sur les excès de la discipline vieillie des scolastiques (2). Surtout, au lieu de réfuter candidement Locke par Descartes — à l'heure où Locke supplante Descartes en France, — il aurait extrait les éléments féconds d'un système qui pouvait, certes, faire courir de grands dangers à la pensée chrétienne, mais qui offrait du moins, à ce moment précis de l'histoire des idées, l'avantage d'opposer méthode à méthode, d'élever chapelle contre chapelle, de préparer enfin pour l'avenir un retour vers quelques doctrines modérées. Voyez, en effet, ce qui arrive et combien plaisants sont les retours des choses : la néo-scolastique, quelques réserves qu'elle fasse sur les livres de Locke et sur sa méthode, lui pardonne beaucoup cependant pour avoir frayé de nouveau le chemin vers le péripapétisme, remis en honneur certains principes d'Aristote, inauguré enfin la réaction anticartésienne.

Pompignan, lui, demeure défiant : il s'irrite que le car-

(1) BRUNETIÈRE, *Manuel de l'hist. de la littérature française*, 229.
(2) MIGNE, I, 77-78, puis, I, 352, etc.

tésianisme soit « trop vieux et trop chrétien » pour son temps (1). Il ne songe pas à se mettre hardiment en face de la réalité, à chercher quel profit la philosophie chrétienne pourrait tirer des excès mêmes de Locke, en tâchant comme lui « d'ouvrir les yeux au monde réel », et de se fier davantage à la vertu de l'observation positive et de l'analyse. Pompignan ne peut s'empêcher de regarder, à côté des doctrines, ceux qui les présentent et les popularisent. La secte encyclopédique, et, avant elle, l'incrédulité pendant plus d'un demi-siècle s'efforce d'accaparer Locke ; voici qu'il est même dépassé avec Condillac. Il est bien l'homme des philosophes : cela suffit.

Malheureusement Newton ne l'est guère moins. Circonstance aggravante : c'est Voltaire qui, en France, a le plus fait pour sa gloire. L'imprudent apologiste court donc sus à Newton qu'il aperçoit à travers Voltaire : ce bloc enfariné ne lui dit rien qui vaille. Et le voilà qui part en guerre contre le système de l'attraction qu'il déclare d'ores et déjà « menacé », tout simplement parce que les systèmes sont soumis à « l'empire inconstant de la mode et de l'opinion (2) », probablement aussi parce que les tourbillons de Descartes ont eu leur règne, et qu'il ne lui convient pas que l'*attraction* triomphe quand les *tourbillons* sont sur leur déclin...

Cette étroitesse de vues, triste fruit d'une timidité d'esprit qui tient plus qu'on ne le pense à l'isolement où il se trouve, le porte, au surplus, à se forger une idée très imparfaite des rapports du chrétien avec les choses de la science qu'il traite avec un beau mépris. Il déclare nettement que le chrétien, « loin de leur donner le premier rang dans sa philosophie » leur fait à peine « l'honneur de les y placer (3) ». C'est répondre par une exagération à l'exagération de Voltaire qui, dans son épître à Mme du Châtelet, représente les esprits célestes, les « confidents du Très-Haut », jaloux de la gloire de Newton.

(1) Migne, II, 466.
(2) *Ibid.*, I, 50.
(3) *Ibid.*, I, 64.

Ne vous étonnez point, Messieurs, de ce dédain. Vers le même temps, il est assez commun chez les hommes tels que l'évêque du Puy. Les camps sont si nettement séparés, il y a si peu de ponts jetés entre eux, qu'on est porté à embrasser, sur tous les points, les habitudes du parti contraire à celui de ses adversaires. Ceux qui écrivent en même temps que Pompignan, ceux qui arrivent après lui, et je parle des meilleurs, de Gerdil, de Bergier, n'ont guère plus de clairvoyance. Gerdil entreprend de disserter contre l'attraction au nom des phénomènes capillaires, et Lalande est obligé de lui répondre dans le *Journal des Savants* (1768), comme plus tard il dut répondre à Feller (1). Bergier, lui, observe dans son *Dictionnaire de théologie* que attraction et gravitation sont des termes inintelligibles, analogues aux « qualités occultes » des anciens, et il continue de se réfugier dans la dialectique qu'il conduit parfois supérieurement (2). S'il fait quelques excursions sur le domaine de l'histoire ou des littératures anciennes, les sciences lui sont indifférentes. Il ne lui apparaît pas que les gens d'Église aient intérêt ou profit à regarder ce qui se passe de ce côté, où l'engouement public entraîne pourtant, avec les mondains et les femmes, un très grand nombre d'esprits éclairés (3).

(1) FELLER avait publié vers le même temps ses *Observations philosophiques sur le système de Newton, le mouvement de la terre et la pluralité des mondes, avec* etc... Liège, 1771 ; Paris, 1778.

(2) Cf. *Dict. de théologie*, éd. GOUSSET, 1852, t. V, p. 174. — On peut avoir une autre preuve de cet état d'esprit dans ce fait que M. Emery (alors directeur au Séminaire de Lyon), ayant publié en 1772 *L'Esprit de Leibnitz* où il fait l'éloge de ce philosophe et de plusieurs autres savants tels que Newton, on vit cette publication avec inquiétude dans son entourage habituel. Plusieurs ne furent rassurés sur ses intentions que deux ans plus tard, quand il publia *L'Esprit de sainte Thérèse* (V. GOSSELIN, *Vie de M. Emery*, I, 125).

(3) Cf. TAINE, (*Origines*, I, 379-380), qui renvoie à Bachaumont, Mercier, Mme de Genlis, de Goncourt. — Il est juste aussi d'observer que les géomètres, de leur côté, ne se montraient guère moins exclusifs et intransigeants que Pompignan. « Forts de l'autorité de Newton qui a quelque part traité la poésie de « niaiserie ingénieuse », les géomètres demandèrent bientôt ce que « prouve » une tragédie. » BRUNETIÈRE, *Manuel*, 317.

D'où vient cela, Messieurs ? C'est qu'on se borne alors à se défendre : et voilà pourquoi tout à l'heure nous avons employé, comme malgré nous, pour caractériser le travail de Le Franc de Pompignan, les mots de combat, de terrain, de tactique, de stratégie. Ce sont bien les expressions qui conviennent le mieux pour exprimer ce qu'il y a de dur et de raide, et d'un peu automatique, dans les procédés habituels aux apologistes du xviiie siècle. A les voir, on dirait parfois une armée brusquement surprise dans ses positions, qui se demande par moments s'il ne va pas falloir sacrifier son avant-garde, battre en retraite pour se reformer plus loin, et qui, pourtant, hésite devant ce sacrifice. Finalement elle s'y refuse et engage l'action suivant toutes les règles de la guerre classique, avec l'amertume de penser que sa valeur ne pourra rien contre le nombre ou la ruse des assaillants. C'est une dure condition de lutter ainsi. C'est une situation humiliée et humiliante que d'avoir toujours à se défendre. — D'autre part, ne faut-il pas aller au plus pressé, et se servir, tout en souhaitant mieux, de toutes les armes qu'on possède, pour repousser l'ennemi ? Voilà pourquoi l'apologétique du xviiie siècle est tentée de renoncer aux méthodes d'exposition, d'enseignement direct. Les grandes voies ouvertes par les savants théologiens du xviie siècle ne sont cependant pas encore fermées tout à fait. Que ne s'y engage-t-elle avec courage ! Les résultats se feront attendre longtemps, il est vrai : ne seront-ils pas plus durables et plus solides ?

Tandis que, même parmi les fidèles, se fait sentir le besoin d'une plus forte nourriture, on se contente ainsi de leur faire absorber du contre-poison hâtivement obtenu avec les recettes consacrées dans les écoles. Ces recettes, il est fort à craindre qu'on ne les renouvelle de quelque temps, qu'on ne s'en tienne à celles qu'ont laissées Pompignan, La Luzerne et Bergier, pour ne nommer que ceux-là. Sans l'avouer toujours, la théologie élémentaire ne vivra pendant

plus de la moitié du xixᵉ siècle que de leurs formules. C'est
au même codex, en tout cas, que Frayssinous ira puiser ses
inspirations, et cela, pour guérir un mal déjà fort différent de celui que traitaient les apologistes de la période
précédente. Lacordaire, quelques années après lui, se bor-
nera plus d'une fois à rajeunir les thèmes que la tradition
lui transmet. Seulement, emporté par le vol de son génie,
il découvrira aussi de nouveaux horizons aux âmes inquiètes
de ses contemporains. Il n'abordera pas seulement tous les
sujets brûlants, — après tout, nous l'avons vu, Le Franc
de Pompignan n'y a pas manqué, — mais, en appliquant
aux faits religieux la méthode expérimentale, en jetant
« le catholicisme en pleine actualité », il n'aura aucun de
ces tremblements, aucun de ces retours en arrière qui
eussent paralysé chez lui le magnifique don de prophétie
qu'à distance nous voyons bien qu'il avait reçu de Dieu.
Surtout il parlera sur un autre mode, et d'un autre accent;
même en ses jours de défaillance, même aux heures d'ins-
piration douteuse et médiocre, son éloquence s'impose :
elle enlève d'abord très haut, puis attire, échauffe, remue,
retient l'âme dans une atmosphère supérieure.

*
* *

C'est à quoi ne parviennent jamais les apologistes du
xviiiᵉ siècle. C'est à quoi, sauf les prédicateurs qui n'y
réussissent guère (1), ils ne visent même point. Se doutent-
ils qu'on se passionne autour d'eux pour les déclamations
de Rousseau, qu'on se pâme à lire la *Nouvelle Héloïse*,
qu'il faut, à ces cœurs qui se disent « sensibles », des émo-
tions autant que des idées, des épanchements, des confi-
dences autant que des dissertations? Se doutent-ils qu'ils
pensent, qu'ils écrivent pour un public spécial dont les
défauts sont déplorables, mais qu'ils laisseront échapper s'ils

---

(1) Cf. *L'éloquence de la chaire au XVIIIᵉ siècle*, dans *l'Université
catholique*, nov. 1902, par M. l'abbé DELMONT, qui y analyse et appré-
cie *Le Sermon au XVIIIᵉ siècle* de A. BERNARD, qu'on pourra aussi
consulter, pp. 420-455 et 491-512, *passim*.

heurtent trop violemment ces défauts? Ce n'est pas que Le Franc de Pompignan ne soit capable d'onction, que ses écrits ne respirent de temps en temps je ne sais quelle tendresse abstraite et collective : à la fin de sa Pastorale de 1763, quand il invite les chrétiens à devenir de vrais philosophes, il conclut avec tant de force, d'un ton si pénétré, qu'on est saisi, comme il l'est lui-même, d'une sorte d'émotion tout intellectuelle (1).

Mais c'est là tout le sentiment dont il est capable. En ce qu'elle a d'excellent, sa manière procède plutôt de celle de Bourdaloue : vues précises sur les questions, déductions exactes, distribution logique des parties, fréquentes récapitulations d'idées, formules fermes et claires. Hors de là, ne lui demandez plus rien : pour se préserver plus sûrement de toute vanité d'auteur, et probablement aussi du mauvais goût régnant, il retranche, comme à dessein, couleur, éclat, vie et relief. — Il est gris, d'un gris uniforme. — Il est froid; et ce n'est pas pour rien qu'à l'un de ses sermons, l'abbé de Voisenon glissait gravement ce mauvais jeu de mots à son voisin qui se plaignait de la chaleur : « C'est d'autant plus étonnant, Monsieur, que vous avez la fraîcheur du Puy » (2). Enfin il piétine sur place, ou va et revient, comme tous ceux qui n'ont pas le temps d'être courts, de chercher et de fixer la meilleure expression de leur pensée. Ce qui fait qu'à la fin de certains morceaux particulièrement ennuyeux, on est tenté d'accepter jusqu'au bout l'irrévérencieuse appréciation de Voltaire sur le prélat et sur son frère l'académicien :

> Simon le Franc qui toujours se rengorge,
> Traduit en vers tout le Vieux Testament :
>   Simon les forge très durement.
> Mais pour la prose écrite horriblement
> Simon le cède à son frère Jean-George (3).

(1) Voir tout le passage qui commence par ces mots « Soyez donc philosophes, m. fr., vous pouvez et vous devez l'être... » jusqu'à la fin. MIGNE, I, 216.

(2) BACHAUMONT, *Mémoires secrets pour servir...*, etc. Londres, 1777, t. IV, 14 août 1768. Cf. aussi *Corresp. litt.* de GRIMM, qui rapporte le même trait, éd. de 1829, t. VI, 15 sept. 1768.

(3) BACHAUMONT, *loc. cit.*, I, 24 déc. 1763, rapporte ces vers avec la

LES ENNEMIS ET LES AMIS DE POMPIGNAN — SON INFLUENCE

> Mais pour la prose écrite horriblement
> Simon le cède à son frère Jean-George...

Ecrite horriblement... Le trait est tout de même trop fort, et, pour être justes, Messieurs, nous ne retiendrons, si vous le voulez, cette épigramme qu'à titre d'indication.

Elle nous révèle néanmoins une des causes — non, certes, la moindre, — de l'insuccès relatif des écrits de l'évêque du Puy dans les milieux incrédules et mondains. Décidément pour être lu avec plaisir, ou tout simplement pour être lu, il fallait écrire d'un autre style. Il n'y eut guère alors que l'abbé Guénée qui sut mieux s'adapter, en cela, au goût de ses contemporains, puisqu'on raconte qu'il mit plus d'une fois les rieurs de son côté. Tandis que ce fut, au contraire, aux dépens de Pompignan, du côté des philosophes, que se rangèrent les rieurs.

Il est vrai que Voltaire est le maître du chœur, et qu'au besoin, il saurait faire accompagner de musique (1) les vers qu'il dirige contre les deux frères Jean-Jacques et Jean-Georges.

Sous le nom de Moïse et d'Aaron (2), ils sont désormais

mention suivante : *Chanson de M. de Voltaire contre les Pompignan,* sur l'air : *D'un inconnu.*

(1) C'est ainsi qu'il envoie à d'Alembert, dans sa lettre du 21 février 1761, l'air noté de l'*Hymne chantée au village de Pompignan,* où il s'égaie aux dépens de Jean-Jacques Le Franc de Pompignan, l'académicien. « Les philosophes devraient, dit-il, le chanter en goguettes; car il faut que les philosophes se réjouissent. » VOLTAIRE, *Œuvres,* éd. DESOER, t. XII, p. 1016. — On chantait aussi, sur *l'air de la musette* de Rameau : *Suivez les lois,* etc..., la plate chanson sur les deux frères — Moïse et Aaron — qui se trouve dans les *Œuvres,* t. III, p. 1003.

(2) Ces noms avaient été appliqués — sans ironie — aux deux frères, par Dupré de Saint-Maur, dans sa réponse à Jean-Jacques Le Franc de Pompignan à l'Académie.

unis dans sa haine, surtout depuis la Pastorale de 1763 qui est venue raviver la blessure d'amour-propre éprouvée par lui lors du discours de Jean-Jacques à l'Académie. Depuis longtemps il n'est pas de visées ambitieuses, pas de noirs complots que Voltaire ne leur attribue ; non content d'aspirer à la charge de surintendant de la reine, de sous-précepteur ou de précepteur des enfants de France, ou de pousser l'évêque son frère dans ce poste, l'aîné Jean-Jacques a demandé sa collaboration pour le discours à l'Académie. Voilà un crime impardonnable. « Leur projet, écrit-il à Mme du Deffand, était d'armer le gouvernement contre tous ceux qu'ils accusaient d'être philosophes, de me faire exclure de l'Académie, de faire élever à ma place l'évêque du Puy, et de purifier ainsi le sanctuaire profané... Je n'en ai fait que rire, parce que, Dieu merci, je ris de tout (1). »

Contre Jean-Georges, il commence en 1763 les hostilités par la première *Lettre d'un Quaker* (2) où il se garde bien de rien opposer aux démonstrations de l'évêque ; il collectionne les exagérations, les digressions, les naïvetés échappées à l'auteur de la Pastorale dans une composition trop évidemment hâtive : il les pique les unes à côté des autres dans une petite lettre de trois pages, preste, vive comme un pamphlet. Puis il assaisonne le morceau de quelques objections choisies, suivant son habitude, à travers les livres des commentateurs anglais de l'Ecriture. Il a soin d'ailleurs que cette petite anthologie demeure à l'usage et à la portée de tout le monde. Sur tout cela il sème à profusion cette chose indéfinissable qui s'appelle l'esprit de Voltaire. Et voilà improvisée une provinciale en raccourci.

Vous y trouveriez même des traits, des tours de style empruntés de Pascal, le blasphème excepté, par exemple : « Heureux les pécheurs qui n'auraient lu que ta pastorale ; ils ignoreraient invinciblement l'Evangile. »

A une brève réponse de Pompignan ou de l'un de ses

(1) Voltaire à Mme du Deffand, 14 juillet 1760.
(2) Voltaire, éd. Desoer, t. VIII, pp. 496-501.

amis (1) qui dut paraître dans l'intervalle, mais que nous n'avons plus, Voltaire oppose, comme en se jouant, la seconde *Lettre d'un Quaker*, où il discute encore à travers son ironie. Un peu avant cette seconde lettre, et peut-être même quelques jours avant la première, il avait lancé l'*Instruction pastorale de l'humble évêque d'Aléthopolis*, etc..., où il n'esquisse même pas une ombre de discussion (2). L'intention de railler y apparaît seule. Et donc, il raille l'évêque sur les dimensions inusitées de sa Pastorale ; sur le titre de Monseigneur qu'il y prend dès la première page ; sur le nom de Pompignan : « Pompignan ! Vous avez vu à ce grand nom les fronts les plus sévères se dérider » ; sur ses armoiries : « Cet écusson représente un homme monté sur un quadrupède ; vous doutez si cet animal est la monture de Balaam ou celle du chevalier que Cervantès a rendu fameux » (3) ; sur ses déconvenues d'auteur : « On nous assure de tous côtés que l'œuvre de notre confrère du Puy est comme l'arche du Seigneur ; elle est sainte, elle est exposée en public et personne n'approche d'elle (4) ».

Tout cet esprit facile ne vaut pas de bonnes raisons. Voltaire n'en apporte aucune. Il a derrière soi tout un public,

(1) « Je t'avertis charitablement..... et pour réponse tu cries à l'impiété. » VOLTAIRE, VIII, 2ᵉ *Lettre d'un Quaker*. — Le titre de la réponse était : *Lettres contenant quelques observations sur la lettre d'un Quaker*, in-8º, 1763.

(2) BACHAUMONT, I, 23 nov. 1763, convient que « cette plaisanterie n'est pas des meilleures ; elle n'empêche pas que l'ouvrage de M. du Puy ne soit très estimé ». Comme Bachaumont parle de cette « plaisanterie » dès le 23 novembre, BENGESCO, dans la *Bibliographie des œuvres de Voltaire*, Paris, 1885, t. II, nº 1691, a cru pouvoir la placer avant la première *Lettre d'un Quakre à J. G. L. F. D. P.*, év. du Puy, etc... Genève, 1763, dont les *Mémoires secrets* ne font mention que le 3 déc. Mais comme on n'a plus l'édition princeps de l'*Instr. pastorale de l'humble évêque d'Aléthopolis*, et qu'elle a été réimprimée à la suite de la Lettre du Quaker, dès le commencement, il s'ensuit que la chose reste douteuse. — Cf. aussi l'*Année littéraire* de FRÉRON, 1763, VII, p. 282 ; FAVART, *Mém. et Corresp. litt.*, Paris, 1808, t. II.

(3) Les armoiries du prélat étaient *d'azur à l'homme de franc armé, tenant de la main dextre un badelaire prêt à frapper, le tout d'argent*. — Cf. *Tablettes du Velay*, 3ᵉ année, 1872-1873, note de M. LASCOMBE.

(4) VOLTAIRE, VIII, 504-505.

fort amusé qui l'encourage à continuer. Il est si agréable, dit-il, «d'envoyer du pied des Alpes à Paris, des fusées volantes qui éclatent sur la tête des sots (1) ». Aussi qui veut lui faire plaisir s'empresse de lui conter quelque trait piquant sur les deux frères. Bientôt ce sont tous ses correspondants, tous les encyclopédistes, tous les philosophes, ce sont les salons et les cercles, c'est tout Paris qui lui fait sa cour, en s'armant pour sa querelle, c'est-à-dire en daubant sur l'évêque du Puy.

Grimm avait été l'un des premiers à recevoir le mot d'ordre : « Ah ! Jean-George, écrit-il dans sa *Correspondance littéraire*, le 15 octobre 1763 (2), que de chagrins je prévois !... Les philosophes qui sont sous le glaive sont bien obligés de se taire (?), mais ce plat « auteur de la Henriade» qui, sur les bords de son lac, ne craint personne, pourrait bien n'être pas aussi philosophe que ses confrères... Il n'a jamais laissé passer sans remerciements les pierres qu'on lui jette dans son jardin ».

Si Grimm est de la « troupe des prophètes, l'Esprit ne descend pas sur lui seul (3) ». Il n'est plus de menacé qui ne trouve quelqu'un pour l'exécuter, dès qu'il s'agit de l'un des Pompignan. Ils ne peuvent plus rien dire, plus rien écrire, plus rien faire qu'on ne tourne contre eux. C'est au point que, cinq ans après la Pastorale, quand on doit croire que la colère des amis de Voltaire est apaisée, si l'évêque du Puy vient à Paris pour prononcer l'oraison funèbre de la reine Marie Leczinska qu'il a été forcé moralement d'accepter (4), il apparaît comme un objet parfaitement ridicule. Tout le monde l'attend, tout le monde plaisante :

(1) Lettre à Mme du Deffand, 6 août 1760.
(2) T. III, p. 355.
(3) Voltaire à Thiriot, 9 juin 1760.
(4) Probablement à la prière de Madame Louise de France avec qui l'on voit (*B. S. S.*, fonds Dupinet) qu'il était en relations, et à qui il envoyait ses écrits. — L'année précédente, l'évêque du Puy avait refusé « de faire l'oraison funèbre de Madame la dauphine... Jean-George a senti qu'il n'y ferait pas bon pour lui, que ceux qu'il a appelés mauvais chrétiens pourraient bien lui *prouver qu'il est encore plus mauvais orateur.* » (Lettre de d'Alembert à Voltaire, 6 avril 1767, dans les *Œuvres* de Voltaire, éd. Desoer, t. XII.) Cette preuve,

Bachaumont (1), Grimm, l'abbé de Voisenon, Galiani, et bien d'autres (2). Et tout est bon contre lui ; nous avons déjà rapporté de l'abbé de Voisenon un mot assez médiocre : ce mot a fait fureur, ce qui prouve qu'on se contentait du calembour, quand on n'avait pas d'autres armes. — L'épigramme s'y ajoute ; on veut placer l'oraison funèbre du prélat dans le trésor de Saint-Denis, car elle est, assure-t-on, « très propre à servir de pendant à l'épée de Charlemagne, étant longue et platte comme elle (3) ». Mais dans la foule des lazzis qui circulent, qu'on colporte de gazette en gazette, il y a des traits beaucoup plus gros que celui-là, et devant lesquels s'extasient pourtant des gens d'esprit comme Grimm. Tel le propos que voici de l'abbé Galiani : — Il y a, dit-il, trois sortes de raisonnements ou plutôt de « résonnements » : raisonnements d'hommes, comme ceux de Voltaire, de Buffon, de Diderot ; raisonnements de cloches, comme ceux de Jacques-Bénigne Bossuet ou de Jean-Jacques Rousseau ; enfin, raisonnements de cruches. Ce sont les plus ordinaires. « Si vous voulez savoir au juste, ajoute Grimm, comment sont faits les raisonnements de cruches, lisez l'ami Jean-Georges... (4). »

Vraiment, Messieurs, n'avions-nous pas raison de dire que tout est bon contre le pauvre Pompignan ?

* * *

Allons cependant au fond des choses : ne commencez-vous pas à trouver qu'on rit trop fort, trop haut, avec trop de parti-pris, pour rire de bon cœur et sans arrière-pensée

les amis de Voltaire ne perdront pas l'occasion de la faire l'année suivante. (Pour les détails de la cérémonie funèbre à laquelle assista et parla Pompignan, v. *Mercure de France*, sept. 1768, pp. 198 et sq.)

(1) *Mémoires secrets pour servir*, etc... IV, 10 juillet, 14 août, 28 août, 6 sept. 1768. — Bachaumont avait été beaucoup moins sévère pour l'évêque du Puy, lors de la publication de l'*Instr. pastorale* de 1763 ; cf. I, 10 nov., 23 nov., 3 déc. 1763. « Voltaire, disait-il, fait tous ses efforts pour la rendre ridicule, elle triomphe de tous les sarcasmes dont la plupart tombent à faux absolument. »

(2) *Corresp. litt.* de Grimm, t. VI, p. 55.

(3) Bachaumont, IV, 20 août 1768.

(4) *Corresp. litt.*, t. VI, p. 56.

de haine? Ses écrits n'ont donc pas passé aussi inaperçus que la secte se plaît à le répéter. — D'Alembert, pour son compte, les refuse (1) avec une ostentation significative qui ressemble peu à de la véritable indifférence. — Voltaire prédisait que l'honneur d'être brûlés par la main du bourreau leur serait refusé : il ne leur a pas manqué, en tout cas, d'être confisqués par le lieutenant de police (2). — Mais surtout il ne leur a pas manqué d'avoir secoué la nonchalance affectée du grand rieur. « Nous rions du matin au soir des Pompignan et des Fréron », dit-il en 1760. Est-ce toujours vrai?

Le 20 octobre 1761, il écrit à d'Alembert à propos de l'académicien et du prélat : « A quoi pensez-vous, mon très cher philosophe, de ne vouloir que rire de l'historiographe Le Franc de Pompignan ? — Ne savez-vous pas qu'il compte être à la tête de l'éducation du duc de Berry, avec son fou de frère ? que ce sont tous deux des persécuteurs ? que les gens de lettres n'auront jamais de plus cruels ennemis ? » Et d'Alembert de s'étonner : « Je suis, mon cher et illustre maître, un peu inquiet de votre santé : il faut qu'elle ne soit pas si bonne que l'an passé... (3) ».

En 1763, voici un nouvel indice. — L'évêque du Puy avait d'autres frères que l'inoffensif Jean-Jacques : trois de ses puînés étaient entrés dans l'armée. Il faut croire que l'un d'entre eux manqua un beau jour de patience et se promit de gratifier Voltaire de quelque estocade, car celui-ci regrette que la famille ne se compose pas exclusivement d'évêques et d'académiciens. Du moins c'est ce qui paraît dans un billet assez bref où il sollicite l'appui de M. de Choiseul : « J'ignore, dit-il, ce que mes oreilles ont pu faire

(1) Cf. la lettre de d'ALEMBERT à Voltaire, du 29 déc. 1763, où il résume de mémoire la correspondance qu'il a échangée avec le prélat au sujet de l'envoi qui lui a été fait par mégarde de l'*Instr. pastorale*, dans laquelle il est, dit-il, « personnellement insulté ».

(2) VOLTAIRE à d'Argental, 29 janvier 1764 : « ... Mons. du Puy-en-Velay n'a pas les mêmes honneurs; il voudrait bien être lu, dût-il être brûlé.. » — Cf. BACHAUMONT, V, 8 avril 1770 : « M. le lieutenant de police ne laisse pas passer d'exemplaires de cet ouvrage *(Déf. du clergé)*, qu'il sait extrêmement devoir déplaire au Parlement... »

(3) D'ALEMBERT à Voltaire, 31 oct. 1761.

aux Pompignan. L'un me les fatigue par ses mandements, l'autre me les écorche par ses vers, et le troisième me menace de les couper. Je vous prie de me garantir du spadassin ; je me charge des deux écrivains (1) ». Le tour est plaisant, mais il n'y a pas à se faire d'illusion, cette façon de discuter ne sied pas à Voltaire : il fait garder prudemment les avenues de son château, il a peur. Il connaissait les états de service du spadassin et de ses deux frères, « spadassins » aussi ; la même année, ils avaient été résumés dans les lettres-patentes du roi qui érigent la terre et seigneurie de Pompignan en marquisat. Après avoir loué les deux aînés d'une famille « aussi recommandable dans l'Eglise et dans l'épée que dans la robe », ce document ajoute : « Les trois autres frères exercent la profession des armes depuis leur tendre enfance : Guillaume Le Franc, seigneur de Lille, est parvenu au poste de maître de camp-lieutenant d'une brigade de nos carabiniers, et, dans la dernière promotion que nous venons de faire, nous l'avons nommé brigadier de nos armées ; Louis Le Franc, seigneur de Saint-Clair..... a reçu plusieurs blessures qui lui ont mérité de notre part des grâces et des pensions ; et Jean-Baptiste Le Franc, seigneur de Caix, capitaine dans le régiment de Puységur, était encore fort jeune lorsqu'il reçut de nos propres mains la croix de notre ordre militaire de Saint-Louis pour les marques de valeur qu'il avait données à la bataille de Lawfeld... (2). »

Messieurs, ne comprenez-vous pas qu'on appelle à son son secours un duc-ministre quand on a sur les bras une famille de héros, et qu'on tient à ses oreilles ?

Du reste, à quoi bon expliquer que les « Pompignades » n'ont pas toujours le don d'amuser Voltaire ? Il ne con-

(1) Ce billet est classé dans l'édition MOLAND de la *Correspondance de* VOLTAIRE, entre le mois de mars et le mois d'avril 1763. Comme il y est question des « mandements » de Le Franc de Pompignan, il faut, croyons-nous, le reporter après l'édition de la Pastorale sur la *Prétendue philosophie* qui est datée, dans la conclusion, du 15 avril 1763, et ne put paraître qu'après cette date.
(2) Cité dans d'HOZIER, *Armorial général*, Reg. X, p. 21.

vient de s'arrêter à cette démonstration que juste assez pour rappeler que, chez lui, aux accès de rire, succèdent les crises de bile.

L'évêque du Puy ne pouvait prétendre, auprès des philosophes, à un autre genre de succès que celui que nous venons de décrire. Ce n'est pas un mince mérite d'avoir inquiété, parfois même alarmé de tels adversaires.

Il en est d'autres qui le prennent, d'ailleurs, tout à fait au sérieux. Rousseau, touché peut-être des marques de sympathie que l'apologiste lui prodigue, déclare très nettement : « Le seul homme qui ait paru m'entendre est M. l'évêque du Puy ». Et il écrit à Rey, son éditeur : « Je crois que si vous vouliez imprimer in-12 son *Instruction pastorale*, vous en auriez le débit. En pareil cas, en m'en donnant avis, je vous enverrais une petite note pour y joindre (1). »

Quant aux jansénistes, ils reviennent à plusieurs reprises, dans les *Nouvelles ecclésiastiques*, sur les ouvrages ou sur les actes du prélat. Tant qu'il ne s'en prend qu'à l'incrédulité, ils les trouvent excellents (2). Mais après le traité de l'*Autorité séculière*, et surtout après l'Instruction pastorale de 1766 sur l'*Hérésie* (3), qui contient du caractère et du rôle de Jansénius une sombre peinture, le ton change. L'*Avertissement de l'assemblée du clergé de 1775*, ne trouve même pas entièrement grâce à leurs yeux, quoiqu'il ne soit pas dirigé contre eux. A leur gré, cet acte a confirmé et aggravé celui de 1765 : c'est contre les véritables ennemis de Jésus-Christ qui ont osé « usurper son nom » — lisez : les jésuites — que l'assemblée aurait dû faire éclater son zèle. Quant aux évêques *zelanti*, inspirateurs ou

(1) Rousseau, *Lettre à Rey*, 17 mars 1764 (citée par H. Beaudouin dans *La Vie et les Œuvres de J.-J. Rousseau*, Paris, 1891, t. II, p. 167).

(2) *Nouvelles ecclésiastiques*, 1760, p. 107. Les *Nouvelles* confondent l'auteur des *Quest. div. sur l'Incrédulité*, « ouvrage excellent et de très bon goût » (Cf. *Table raisonnée des Nouvelles* jusqu'en 1777) avec celui du Discours de réception à l'Académie, en 1760, qui est d'ailleurs fort approuvé.

(3) *Nouvelles ecclésiastiques*, 1766, p. 169, et 1776, p. 154, où il est dit : « On publia dans le temps une petite Lettre qui relevait très bien les paralogismes de cette Instruction et que le prélat laissa prudemment sans réponse. » (V. *Appendice* A, n° 12).

rédacteurs de pareils documents, ce sont eux qui troublent
l'ordre social en poursuivant jusqu'à leurs collègues, en
attaquant « l'ancienne et légitime magistrature » rétablie par
Louis XVI à son avènement, en « asservissant la puissance
souveraine à leurs vues particulières ». Inutile d'ajouter
que le « moliniste » Pompignan, auteur de l'*Avertissement*,
est un de ces prélats *zelanti* d'où vient tout le mal (1).

*
* *

Mais pourquoi chercher uniquement des traces de l'influence de Le Franc de Pompignan chez ceux qu'il a cru
devoir combattre pour remplir jusqu'au bout son devoir
d'évêque ? Ne l'oublions pas, ce sont les catholiques français qu'il a voulu avant tout instruire et préserver. Comment
cet auditoire naturel l'accueille-t-il ?

De ce côté l'apologiste ne rencontre guère que des raisons d'être satisfait de son zèle. Les recueils du temps ana-
lysent longuement chacun de ses écrits. A l'apparition de
l'*Emile*, les *Mémoires de Trévoux* préfèrent attendre l'*Instruction pastorale* de M. du Puy, persuadés que la cause
de la religion sera « bien mieux entre les mains de ce savant
et illustre prélat ». Quand l'ouvrage paraît, ils y reviennent
à deux reprises, la louange coule et ne tarit plus : M. du Puy
est la « gloire de l'épiscopat », — éloge qui semble un peu
fané aujourd'hui, surtout quand on lit à la même ligne que
Jean-Jacques, frère de l'évêque, est la « gloire de la littérature ». N'importe, il n'y a qu'à voir le contexte : on écrit
cela parce qu'on en est sûr (2).

Du reste, on lit Pompignan à la cour où sa personne,
ses démarches, ses écrits sont toujours reçus avec faveur,

______

(1) *Nouvelles ecclésiastiques*, année 1775, pp. 150-155.
(2) Cf. *Mémoires de Trévoux*, octobre 1763, pp. 2522-2563, et novembre 1763, pp. 2790-2841. Dans l'article d'octobre, on commençait
par résumer les travaux antérieurs du prélat, mais ils avaient déjà été
analysés précédemment : les *Quest. sur l'Incrédulité*, en février 1752,
et en mai, août 1753 ; l'*Incrédulité convaincue*, etc..., en avril, juillet,
octobre 1759. De même, plus tard, la Pastorale sur l'*Hérésie* est
appréciée en août 1766, et *La Religion vengée*, etc..., en nov. 1772.

du moins par l'entourage de la reine. Dans une lettre du 30 septembre 1763, Mme du Deffand conte à Voltaire une réunion chez le roi de Pologne. « La reine y était, la cour était nombreuse, on parla de l'*Instruction pastorale* de l'évêque du Puy, on loua l'ouvrage, on exalta l'auteur. C'est un saint, disait le roi de Pologne ; c'est un homme bien savant, disait l'autre... ». Le prince de Beauveau interrompt d'ailleurs ce concert par une réflexion qui fait la joie des philosophes et qu'on s'empresse de rapporter à Voltaire. « Tout cela est vrai, dit le prince, mais il n'aura jamais la célébrité de son frère... ». — Il est écrit que le pauvre Pompignan n'aura pas une heure de répit (1).

Si nous regardons moins haut, Messieurs, si nous interrogeons la moyenne des lecteurs, si nous cherchons dans les diocèses du Puy et de Vienne, quel a été le sentiment des catholiques — pourquoi n'en tiendrait-on pas le plus grand compte ? — nous voyons que l'estime publique ne se tempère d'aucune réserve. Ce doit être la force et, au besoin, la consolation de l'évêque. Ainsi, en 1766, à la fin de son Instruction pastorale sur l'*Hérésie*, il jette un regard paisible sur son troupeau. Il est engagé en pleine lutte. Il reçoit des coups et il en porte. Mais le spectacle de la fidélité et du zèle de ses diocésains le rassure : au moins ces fortes populations du Velay n'ont pas subi la contagion, et derrière leurs montagnes protectrices qui arrêtent l'écho des luttes du dehors, il y a des champs tranquilles pour les moissons de Dieu. Là, soit que le pasteur exhorte le croyant, soit qu'il l'avertisse du danger où sa foi pourrait sombrer, il est sûr que sa voix sera écoutée et bien accueillie.

Pour preuve, il suffirait d'aligner les naïfs hommages qu'on découvre, çà et là, à travers les vieux papiers. Il y en a, ne le cachons pas, de bien médiocres, mais qui témoignent, du moins, d'une admiration sincère, d'une confiance absolue. Tel celui de Gabriel Berthon, seigneur de Fro-

(1) *Lettres de la marquise du* Deffand *à Horace Walpole, suivies des Lettres à Voltaire*, etc..., Paris, 1812, t. IV, pp. 226-227.

mental, ancien procureur en la sénéchaussée du Puy, dans son « Epître à Mgr de Pompignan, sur son voyage de Paris en 1758 » (1), morceau que l'auteur termine par ce détail biographique :

> Procureur d'un grand roi, je l'ai servi trente ans
> Pour les gages pompeux de vingt et quatre francs,
> Qui font précisément de mes biens le vingtième...

Le poète n'est pas sans excuse, il explique dans un autre placet à M. de Basville, qu'il est

> Auteur un peu connu, goutteux, sexagénaire...

Heureusement pour sa mémoire, Le Franc de Pompignan gagna d'autres suffrages.

Au Puy, par exemple, les religieuses du monastère de la Visitation essaient naïvement d'exprimer, dans leurs Archives intimes, la nuance spéciale de leur respect pour les « lumières » du prélat, et leur piété filiale ne trouve qu'un terme de comparaison : c'est de leur fondateur, de saint François de Sales, que l'évêque du Puy leur offre l'image (2).

A Vienne, où l'a précédé sa réputation de théologien et de savant, on n'ose guère moins dans une idylle dialoguée qu'on représente devant lui au collège de la ville, la veille de son installation à l'archevêché, le 28 septembre 1774 (3).

(1) Extrait d'un manuscrit de très médiocres poésies, intitulé : « *Pièces fugitives en vers*, par Gabriel Berthon, seigneur de Fromental, etc..., 1758 », appartenant à M. Lascombe. (Communic. de M. l'abbé Mercier.)

(2) *Archives de la Visitation* du Puy, 24 nov. 1754 et 12 février 1774.

(3) *Les Hommages à Daphnis*, pastorale de M. MALLET, prêtre, préfet du collège, à Vienne, chez la Vve Védeilhié, imprimeur du roi, de Mgr l'archevêque, de la ville et du collège (s. d.), in-8° de 20 pp. — Cette plaquette, extrêmement rare, se trouve dans la bibliothèque de M. le chanoine Ginon, curé de Saint-Joseph de Grenoble. (Communic. de M. le chanoine Devaux, vic. gén. hon.) Elle se termine par quelques stances, dont nous citons la troisième et la cinquième. — La pastorale se compose d'un dialogue entre deux bergers des environs de Vienne et un berger de la vallée du Puy (!). — C'est le seul document important qu'on ait sur l'entrée de Mgr de Pompignan à Vienne : les *Archives de Vienne*, BB (neuvième registre des délibérations de l'Hôtel de Ville, 1774-1775) parlent seulement d'un

C'est de Bossuet, de Fénelon, qu'on le rapproche. Certes, l'humble prélat dut rougir et trembler d'un si dangereux parallèle.

La flatterie ainsi vivants nous accompagne...

Il faut néanmoins que vous écoutiez ces vers, car on y discerne à travers les exagérations de commande et les grossissements de la poésie du temps, l'écho de la pensée des fidèles, du moins en province :

> . . . .
> Parmi les saints que Vienne honore,
> Nous distinguons Mamert, Adon ;
> En toi seul elle aurait encore
> Un Bossuet, un Fénelon ;
> De l'un possédant le génie,
> La mâle et sublime énergie,
> Tu sais entraîner les Lecteurs ;
> De l'autre quand tu nous retraces
> La candeur, le ton et les grâces,
> Sans peine tu gagnes les cœurs.
>
> . . . .
> Ainsi Paul dans l'Aréopage
> Imprimant de saintes terreurs,
> D'Athènes qui se croyait sage,
> Confondit les folles erreurs.
> Par ta main le bandeau s'arrache,
> L'Impie alors troublé se cache,
> Dans son impuissance il frémit ;
> Ou bien par un retour sincère,
> Ecoutant ta voix salutaire,
> Il rend les armes — et gémit.
>
> . . . .

voyage fait au Puy-en-Velay par MM. Bernard et Bonin « au devant » du prélat. 15o livres prises sur les deniers communs de la ville sont affectées à ce voyage.

V

COMMENT L'APOLOGISTE DEVIENT HOMME POLITIQUE. — A-T-IL
ÉTÉ L'EXÉCUTEUR TESTAMENTAIRE DES PHILOSOPHES ?

Aussi, Messieurs, si Le Franc de Pompignan abandonne
le rôle d'apologiste, ce n'est point qu'il soit détourné de sa
tâche par l'insuccès de ses livres — qui est loin d'être flagrant — ou par les railleries dont on le poursuit. Le courage
ne lui a jamais fait défaut. S'il n'écoutait que le cri des âmes,
il continuerait, au contraire, à diriger ses efforts dans le
même sens qu'autrefois.

Mais voici qu'il se pénètre davantage de cette idée que ces
âmes ont besoin d'être instruites plus encore que d'être
préservées. Et c'est pourquoi, revenant à la méthode d'exposition dont nous avons rappelé plus haut l'importance,
sa grande occupation à l'archevêché de Vienne a été d'écrire
sur *La fin du monde, la résurrection et le jugement dernier*,
un traité de théologie, « un traité dogmatique et en même
temps moral ». — « Ce mélange, dit-il dans l'Avant-Propos,
est devenu rare dans la bouche des orateurs sacrés, sous
la plume des écrivains ascétiques. Ils craignent sans doute
d'offrir une nourriture trop forte à des hommes qui ne la
supporteraient pas... Le malheur ou la faute de beaucoup
de chrétiens est de ne savoir que les éléments de leur religion... Il faudrait leur présenter plus souvent, je ne dis pas
une morale chrétienne dans son objet (comment imaginer
qu'elle ne le soit pas, et qu'on puisse entendre dans les
églises, lire en des sermons imprimés, les maximes profanes d'une philosophie toute naturelle ?), mais une morale
précédée et, s'il est permis de le dire, étayée de l'enseignement des mystères (1). »

(1) Migne, I, 5o5.

A elles seules, ces lignes rendent inutile toute autre expli-
cation de son silence à partir de 1775. Pourtant, si elles ne
suffisaient pas, il faudrait se souvenir aussi que ses principaux adversaires disparaissent de la scène, qu'il n'est donc
plus aussi nécessaire de les dénoncer, que d'autres, et en
assez grand nombre, s'emploient, d'ailleurs, à cette tâche
de défendre la vérité pour laquelle il n'a plus de loisirs.

Aussi bien, jusque sous l'administration de Louis XVI,
les évêques sont arrêtés par bien des difficultés. En 1781,
Pompignan en sut quelque chose, à l'occasion d'un mandement très court contre la nouvelle édition qu'on prépa-
rait des œuvres de Voltaire. Lorsque, sollicité par une
compagnie de libraires, il voulut obtenir la réimpression
de ce mandement à Paris, il n'y put réussir. Des pièces
fort suggestives, conservées à la bibliothèque de Saint-Sulpice, nous montrent tout ce qu'il fallut déployer d'habileté
auprès de l'administration pour avoir cette permission qui
fut finalement refusée. Le lieutenant de police Lenoir
objecte d'abord au sieur Pontcharraux-le-Romain, agent
de la dite compagnie, le défaut de consentement du prélat.
Quand ce consentement est présenté en bonne et due forme,
Lenoir, agissant par les ordres du garde des sceaux, déclare
que le mandement pourra être réimprimé à Vienne « où
il n'est besoin que de la permission de l'archevêque du
lieu », mais qu'il n'est pas d'usage « de faire imprimer à
Paris de semblables ouvrages qui l'avaient été ailleurs ».
L'archevêque, à qui on communique la correspondance
avec le lieutenant de police, finit par comprendre qu'il
n'aura jamais raison de ce mauvais vouloir. « C'est une
preuve littérale, écrit-il indigné à un ami, d'un dessein
dont nous ne pouvons trop gémir ; mais ce n'est pas la
première pour moi ; aussi je n'en suis pas surpris, quoique
le fond de la chose et le frivole prétexte dont on a voulu le
couvrir, vous paraissent avec raison étranges... (1). »

(1) Cf. *B. S. S.*, fonds Dupinet, lettres de l'archevêque à M. Dupinet, 12 sept. 1781 ; et aussi toute la correspondance échangée entre
le libraire, l'archevêque, le lieutenant de police et M. Dupinet, du
1ᵉʳ août au 3 octobre 1781. (*Appendice* A) — Sur l'histoire de la nou-

Si étranges, en vérité, qu'on n'est pas surpris de le voir renoncer désormais à d'aussi stériles négociations pour faire imprimer et débiter ses mandements hors de son diocèse.

Est-ce que d'autres soucis plus graves ne l'attendent pas dans la province ecclésiastique de Vienne qui lui est maintenant confiée ? Par exemple, il participe, presque dès son arrivée, à la triste conclusion de l'affaire des Antonins, s'occupe du règlement des biens des religieux de Saint-Ruf (1), des Célestins du Colombier (2) « lesquels s'étaient refusés à toute espèce de réforme, même la plus mitigée, et dont la dépouille était convoitée par des personnes assez puissantes pour faire craindre qu'elle ne fût appliquée à des usages purement profanes ». Il se contente, « dans le désespoir de conserver cet ordre », d'obtenir un bref revêtu de lettres patentes dûment enregistrées qui « assurent du moins à des biens sacrés une destination ecclésiastique et relative au culte de Dieu (3) ». — Ces questions sont à peine résolues qu'il lui faut trancher d'autorité un

velle édition de Voltaire, le prospectus qu'on lança, les mandements des évêques à cette occasion, cf. BENGESCO, *Bibliogr. de Voltaire*, t. IV, pp. 114-116. — Pompignan rappelle p. 7 de son Mandement (édit. de Malines) les « *stratagèmes* de la moderne Typographie » pour écouler ses produits obscènes ou impies ; ce passage est assez curieux : « A la suite d'ouvrages tolérés, ou pour lesquels on a surpris, sous des prétextes spécieux, une approbation, on en imprime du même auteur et dans le même format, pour lesquels on n'aurait osé demander de privilège. ni de permission même tacite. Ils se répandent avec les autres, soit par un effet de cette curiosité qui s'attache aux livres furtivement distribués, soit pour ne pas diviser une édition qu'on peut se procurer toute entière. C'est ce qui arriverait infailliblement à l'égard de celle qu'on nous annonce... »

(1) En 1781, le Séminaire tenu par l'Oratoire dès 1674, fut doté par les soins de Mgr de Pompignan, « grâce à la réunion qu'il y a procurée des biens que possédaient dans ce diocèse [de Vienne] les chanoines réguliers de S. Ruf. » *Almanach du Viennois*, 1784, p. 34.

(2) Près d'Annonay, au diocèse de Vienne. Les mœurs de ces religieux étaient fort relâchées.

(3) *B. S. S.*, fonds DUPINET, lettre de l'arch. du 10 janvier 1779. — L'archevêque fait ici allusion sans doute au transfert au clergé des biens des Célestins (1776-1779). — Les biens des Antonins furent attribués finalement au noble Chapitre des chanoinesses, dépendant de l'ordre de Malte, de Vienne en Dauphiné : les bulles d'érection furent envoyées par Bernis le 13 août 1782. (Cf. MASSON, *le Card. de Bernis*, 1884, p. 420 et les ouvrages auxquels il renvoie.)

conflit fort délicat au sujet des réclamations de quelques curés touchant le fonctionnement du Bureau diocésain de Vienne chargé de la répartition des impositions. — Dans le même temps et jusqu'à la fin, il ne néglige aucun des devoirs du pasteur; c'est le laborieux épiscopat du Puy qu'il reproduit à Vienne, comme s'il avait gardé la même vigueur de jeunesse (1). Non content de visiter le diocèse dans les formes canoniques, d'en éloigner tous les mauvais ferments (2), de s'informer avec autant de scrupule que de bienveillance des mérites, des défauts, des tendances de son clergé, de promulguer un nouveau caté-

(1) Au moment où Pompignan, âgé de 59 ans, devient archevêque et comte de Vienne, primat des primats des Gaules, vice-gérent du Souverain Pontife dans la province viennoise et dans sept autres provinces, seigneur de la ville en paréage avec le roi, etc..., tous ces titres représentent encore une part amoindrie, mais réelle, d'autorité. Sans doute le rang de l'archevêque de Vienne dans l'Assemblée des archevêques de France n'est que le 11e, et son revenu ne s'élève qu'à 35.000 livres (la taxe en cour de Rome est de 1854 florins). Mais il a pour suffragants en France les évêchés de Grenoble, de Valence, de Die et de Viviers, et, hors de France, ceux de Genève et de S. Jean-de-Maurienne (V. *France ecclésiastique*, Paris, 1783) — En dehors des fonctions de son ministère, de nombreux offices lui incombent dans sa ville archiépiscopale; par exemple, il préside 2 fois par mois le bureau du Collège royal et celui de la Maison de Charité, 1 fois par mois celui du Grand Hôtel-Dieu (*Almanach du Viennois*, 1784, pp. 35-36). — Aussi, dans une pièce officielle qui appartient à M. de Terrebasse, on le voit, dès le 6 février 1775, confier à M. Bertholet, vicaire général, le « gouvernement des religieuses », dont il ne se décharge sans doute qu'avec peine, ne pouvant plus faire à Vienne ce qu'autrefois il avait fait au Puy.
Le goût de la méthode et le souci qu'il eut toujours de la bonne administration de son diocèse, le poussèrent d'ailleurs, dès le début de son séjour à Vienne, à faire établir sous le titre de : *Dénombrement général du diocèse de Vienne, arrêté en 1774*, un état manuscrit des paroisses, chapitres, communautés, collégiales, etc... confiées à sa garde. Il y a là, sur le diocèse de Vienne, à la fin de l'Ancien Régime, une mine extrêmement précieuse, et comme inexploitée, de renseignements de toute espèce et de données positives. (Ce document considérable se trouve dans la bibliothèque de M. de Terrebasse. C'est un manuscrit in-folio de 390 pp. — aux armes de Pompignan — reliure veau fauve, avec filets, tranches dorées, tout entier d'une grande écriture fort nette.)
(2) Cf. *Lettre de Mgr l'arch. de Vienne aux curés de la partie de son diocèse qui est en Vivarais* au sujet d'un écrit sous le nom de *Catéchisme à l'usage des jeunes gens de toutes les communions chrétiennes*, à Lyon chez Tournachon. Molin, libraire, grande rue Mercière, 1788, 35 pp.; — se trouve dans MIGNE, II, 646.

chisme (1), de réformer — fâcheusement — la liturgie et le chant dans son diocèse (2), de resserrer les liens de la discipline (3), il prend si au sérieux sa charge de métropolitain que, dès 1780, il songe à la tenue d'un concile provincial, exemple que l'Assemblée du clergé, par l'organe du cardinal de la Rochefoucauld, s'empresse de louer, du reste assez platoniquement (4).

*
* *

Mais ne vous y trompez pas, Messieurs, il se propose dès lors de déployer son activité sur un autre domaine. Pour

(1) A Vienne, chez la veuve Védeilhié, 1777, in-16 de 192 pp. — Dans le mandement qui précède cette édition, il parle des deux catéchismes qui subsistent encore, celui de Jean d'Yse de Saléon « trop long pour des enfants et quelquefois trop au-dessus de leur portée », — et celui de Guillaume d'Hugues, abrégé du précédent, mais ramené aux « bornes les plus étroites ». Comme on en est venu à se servir de catéchismes « étrangers », ou « manuscrits », de la « composition particulière » des curés, « qui ont toujours l'air d'une instruction clandestine », l'archevêque en présente un nouveau « différent à certains égards des deux [précédents], conforme à l'un et à l'autre dans l'essentiel ». — « A cela près, ajoute-t-il, il est tel que des prélats plus anciens que nous l'avaient autorisé, et que nous l'adoptâmes nous-mêmes, il y a bien des années, pour le diocèse que nous gouvernions alors... Nos fréquentes visites dans le diocèse du Puy, depuis l'établissement de ce catéchisme, nous ont convaincu qu'il réunissait le double avantage... de pouvoir être enseigné... et de pouvoir être appris avec facilité. » — COLLOMBET, Hist. de l'Eglise de Vienne, t. III, parle d'une seconde édition de ce catéchisme en 1782, 170 pp. — MERMET, Hist. de Vienne, t. III, p. 438, explique que plusieurs chapitres de ce catéchisme ont servi ensuite de modèle à celui de l'Empire.

(2) Cf. Le Chant liturgique dans le diocèse de Grenoble, Paris et Grenoble, 1900, par Mgr Charles BELLET, pp. 14-15. — V. aussi la belle préface latine du Bréviaire et du Missel publié en 1783 (Grenoble, Veuve Giroud), par les soins de l'archevêque. Non seulement il y constate le désir qu'on a manifesté d'avoir des livres liturgiques communs à toute la province, mais il y fait l'historique des nouvelles éditions et de l'approbation que son dessein a reçu de l'Assemblée du clergé. — A la fin de cette préface (pp. 4 et 5 de l'édition in-4), il trace à son clergé, en un superbe langage, l'idéal auquel il doit prétendre.

(3) V. les Casus reservati in diœcesi Viennensi publiés par Pompignan le 24 décembre 1779 (Vienne, apud viduam Vedeilhié, D. D. archiep. typographum). On en conserve un exemplaire aux Archives du monastère de Sainte-Claire du Puy.

(4) Cf. COLLOMBET, op. cit., t. III, pp. 357-376. (Pour les détails biographiques sur le prélat, Collombet se borne souvent à reproduire les idées et le texte de Picot dans la Biographie Michaud.) —

modifier l'état des esprits au point de vue religieux, il estime, en effet, que la politique aura plus d'efficacité que les livres. On pouvait le prévoir déjà en lisant ses fréquents appels, non pas au bras séculier — ce mot évoque une idée de châtiment, des souvenirs historiques qui lui sont pénibles (1) — mais à l'autorité publique, considérée en tant qu'elle exerce sur les esprits une sorte de tutelle morale et d'action préservatrice. On pouvait le prévoir aussi en considérant d'autres indices, et, en premier lieu, la flexibilité relative de ses idées en politique. Lui si rigide pour tout le reste, si inébranlable dans les opinions acquises, notamment en philosophie, voici qu'il admet peu à peu des tempéraments pratiques aux théories de Bossuet qu'il professait sans retouche au début de sa carrière d'apologiste (2). Tout en restant fidèle au système monarchique, il en est venu, dès son séjour au Puy, à concevoir que l'Eglise peut vivre « aussi bien — ce sont ses propres expressions — dans une république que dans une monarchie (3) ».

Au même moment, il a étudié avec complaisance les plans de réforme qu'on propose çà et là ; et, par exemple, les vues générales mais troubles du marquis de Mirabeau l'ont si peu effrayé qu'il recommande l'*Ami des Hommes*, qu'il conçoit pour l'auteur de ce livre une amitié très vive, dont on dirait même qu'il s'excuse, en certains endroits de la

Les Registres capitulaires du Chapitre de Saint-Maurice conservés aux *Archives de l'Isère* donnent peu de renseignements utiles sur l'épiscopat de Le Franc de Pompignan. (Cf. surtout l'année 1774.)

(1) V. par ex. MIGNE, I, 142-143 : « La religion elle-même met des bornes à ce qu'un souverain doit faire pour la protéger » ; — et, dans l'*Inst. past.* sur l'*Hérésie*, le passage où il parle de « l'animosité qui tourmente, qui égorge, qui brûle. » II, 160.

(2) MIGNE, I, 408 (*Quest. V sur l'Incrédulité*), où il n'admet pas que les rois tiennent en quelque façon du peuple leur autorité. « C'est Dieu même qui en est l'auteur... Ils sont ses lieutenants et ses ministres. » Plus loin, p. 413, entre une révolution et le despotisme, il n'hésite pas et choisit le despotisme.

(3) MIGNE, I, 174. — En 1751, sans décider entre le gouvernement populaire et le gouvernement monarchique, il se contentait de déclarer que la « représentation [de la puissance du Très-Haut] manque dans un état républicain, où la puissance souveraine étant divisée, n'a plus la même ressemblance avec celle que Dieu exerce sur ses créatures ». *Ibid.*, I, 414.

Pastorale de 1763, sur ce que la philosophie du marquis de Mirabeau est « plus chrétienne et, en même temps, plus patriotique » que celle de Montesquieu (1).

S'il jette maintenant un regard sur la scène politique où passent les hommes d'Etat, avec leurs projets éphémères, nous ne nous en étonnerons plus. Il nourrit cette illusion que le salut viendra par eux. En 1781, il déplore nettement le départ de Necker dont il avait apprécié les entreprises en matière de finances (2), et sans doute aussi en matière de décentralisation politique : comment n'admirerait-il pas le ministre qui a voulu restaurer les assemblées provinciales sur la base d'un « sage équilibre entre les trois ordres » ? Ce n'est pas que Pompignan, qui a l'expérience de ces assemblées, loue aucunement chez un évêque le besoin de les provoquer ou de s'y produire. L'épiscopat n'est pas une « magistrature séculière », et il ne faut pas regretter le temps « où l'épée remplaçait la houlette pastorale et la mitre disparaissait sous le casque » (3) ; néanmoins il est visible qu'il espère un grand bien de ces assemblées, si la réforme à laquelle on procède doit préparer une refonte de l'institution politique, l'établissement d'un régime nouveau, d'un régime plus large, où le clergé, sans prétendre à la

(1) MIGNE, I, 183. — Les relations du prélat avec le marquis de Mirabeau ont dû commencer à la suite du *Voyage de Languedoc et de Provence* fait en 1740, en compagnie de l'aîné des Pompignan, Jean-Jacques, — et de la publication de *L'Examen des Poésies sacrées*, de M. L. F. D. P. (1755), où le marquis exprime, quelque temps après *La Dévotion réconciliée avec l'Esprit*, des idées analogues à celles du prélat sur les avantages de la poésie biblique comparée à la mythologique (V. *Les Mirabeau*, par DE LOMÉNIE, II, 133). — Les théories fort connues de l'*Ami des hommes* sur la décentralisation politique et l'autonomie provinciale, exprimées dès 1750 dans un mémoire sur *L'Utilité des Etats provinciaux*, étaient bien faites aussi pour plaire à l'évêque (LOMÉNIE, *loc. cit.*, II, 102).

(2) *B. S. S.*, fonds DUPINET, lettre de l'archevêque à Dupinet, 30 mai [s. d.] — Les relations de l'archevêque avec Necker devinrent très fréquentes au moment de la tenue des Etats du Dauphiné. (V. dix lettres de Mgr de Pompignan adressées à Necker du 4 octobre 1788 au 29 janvier 1789, dans MIGNE, II, 1069-1078 ; V. aussi CHAMPOLLION-FIGEAC, *Chroniques dauphinoises*, I, *passim*.)

(3) V. dans MIGNE, II, 250-273, *IIIe Lettre à un évêque*, les idées de Pompignan sur ce point. — Cf. aussi *l'Ancien Clergé de France*, de SICARD, t. Ier, p. 184-185.

science de l'administration politique, aura dans l'Etat sa part d'influence, où la voix de l'épiscopat pourra s'élever plus librement et sera mieux entendue. C'est du moins ce qu'on peut déduire des critiques qu'il se permet de l'état présent des choses, dans une lettre datée de Vienne : « Toute la ressource de l'épiscopat serait aujourd'hui dans un cri unanime... Mais... je conçois combien il est difficile de réunir dans une même démarche quantité de prélats dispersés, sans communication les uns avec les autres, sans encouragements, sans un point central. Les assemblées du clergé seraient plus favorables à cette réunion, mais outre qu'elles sont rares, le gouvernement a bien des moyens d'y rompre les plus utiles mesures, j'en ai fait de tristes expériences... (1). »

Or, c'est peu d'années après celle où il formule de telles plaintes, que la popularité va tirer l'archevêque de Vienne de sa ville et de son palais silencieux (2). On peut imaginer qu'elle l'y surprend un beau jour, avant qu'il ne se soit précisé entièrement à lui-même les vagues espérances qu'il

(1) *B. S. S.*, fonds DUPINET, Lettre de l'arch. du 3 oct. 1781.

(2) Vienne, au moment du passage de Le Franc de Pompignan sur le trône archiépiscopal, était fort déchue de son ancienne splendeur. Dès le milieu du XVIe siècle, Michel de l'Hôpital constatait qu'elle avait dû « céder le premier rang », et qu'une autre ville « qui avait un nom grec (Grenoble) » s'était emparée de la prééminence. (*Le « Voyage à Nice » de Michel de l'Hôpital*, par M. l'abbé REURE, Lyon, 1899.) — En cette fin du XVIIIe siècle, on ne peut que constater dans la vieille cité des archevêques, la décadence progressive de toute vie religieuse, intellectuelle et même commerciale. Sous le regard d'une police peu tracassière, presque paternelle, ses habitants y menaient sans soucis une vie facile et heureuse. (Cf. *Arch. de Vienne*, G G, nos 64, 65, 66, etc...) Comme on le verra plus loin dans une note, ils s'étaient attachés à Mgr Le Franc de Pompignan, à cause de sa grande charité, et goûtaient fort son esprit de sagesse et de modération, en sorte que l'avant-dernier archevêque de Vienne n'a été nulle part plus populaire que dans sa ville. — Les pamphlets qui parurent contre lui ou sous son nom (V. Appendice A, no 21, *nota bene* II) ne critiquent guère que son adhésion publique (1788) aux édits de Brienne et de Lamoignon sur les finances. Du reste, les tendances politiques de Pompignan ne devaient pas déplaire aux habitants de Vienne qui avaient, eux aussi, des idées arrêtées sur les réformes à opérer : Vienne est une des villes qui aspirent, peut-être sous l'influence de Pompignan et de Mounier, à l'uniformité et à l'unité nationale. (V. des Cahiers dans les *Archives parlementaires*, III, 83.)

caresse dans son cœur, et surtout son rêve de fraternité, de large réconciliation des ordres, d'entente commune entre membres des mêmes classes, de paix universelle au sein de la patrie une, fortement gouvernée et généreusement servie.

— Et voici que la popularité, s'étant une fois emparée de lui, de ses titres, de ses services, le porte soudain, sans ménagement, jusque dans les conseils de la nation et du roi.

Vous connaissez, Messieurs, ces diverses étapes, franchies en moins d'un an. — Au mois de septembre 1788, Louis XVI le désigne comme président de l'assemblée des trois ordres du Dauphiné à Romans ; l'assemblée, malgré des protestations de pure forme auxquelles se joignit l'archevêque lui-même, s'empresse d'accepter la désignation royale pour cette première session ; puis, lorsque les députés ont réglé le mode d'élection de leur président, ils renouvellent pour les sessions suivantes à Le Franc de Pompignan cette marque de leur confiance, en le nommant président des futurs états, et en acclamant sur sa proposition Mounier comme secrétaire (1). Le 2 janvier 1789, il a si bien rallié les suffrages de l'assemblée qu'il est placé tout naturellement à la tête des députés que l'ordre du Clergé

---

(1) Il ne rentrait pas dans notre plan de traiter à fond du rôle de Le Franc de Pompignan dans la politique dauphinoise de 1788 à 1789. Qui voudrait s'en rendre compte avec quelque détail devrait consulter d'abord deux recueils, contemporains des événements, qui contiennent les pièces les plus importantes : *Procès-verbal de l'Assemblée générale des Trois Ordres de la province de Dauphiné tenue à Romans par permission du roi* (10 au 28 sept. 1788). A Grenoble, Cuchet, 1788, in-4° de 139 pp. (in-8 de 163 pp.) ; *Procès-verbal de l'Assemblée générale des Trois-Ordres, etc... tenue le 2 nov. 1788* (jusqu'au 8 novembre) *dans la ville de Romans*. A Grenoble, Cuchet, 1788, in-4 de 102 pp. (in-8 de 120 pp.) ; *Procès-verbal des Etats de Dauphiné assemblés à Romans dans le mois de décembre 1788*. A Grenoble, Cuchet, 1788 (la date donnée à la fin du volume est d'ailleurs : à Grenoble, 1789, l'Assemblée s'étant prolongée jusqu'au 16 janvier 1789), in-4° de 195 pp. — Beaucoup d'auteurs ont utilisé ces trois recueils. On pourra consulter encore, par exemple : *Chroniques dauphinoises et documents inédits relatifs au Dauphiné pendant la Révolution*, par CHAMPOLLION-FIGEAC, t. I, Grenoble et Paris, 1888 ; *Les Assemblées de Vizille et de Romans en Dauphiné en 1788*, par J. Félix FAURE, Paris et Grenoble, 1887 ; *Mounier*, par LANZAC DE LABORIE, Paris, 1887 ; *Les Etats du Dauphiné et partic. ceux tenus*

envoie aux Etats-Généraux ; et il arrive à Versailles, auprès
du roi, avec la réputation d'être le sauveur du Dauphiné,
honneur qu'il renvoie modestement à Mounier devenu son
conseiller et un ami (1). Le 22 juin suivant, nous le trouvons, avec l'archevêque de Bordeaux, à la tête de la délé-
gation des cent quarante-neuf membres du clergé qui ont
pris la grave détermination de se réunir au Tiers-Etat (2).
Le 4 juillet, il est porté l'un des premiers, entre Bailly et
le duc de Liancourt, à la présidence de l'Assemblée nationale (3) : c'est en cette qualité que, le 13 juillet, au lendemain du renvoi de Necker, lorsque l'abbé Grégoire appelle

dans la ville de Romans, par le Dr Ulysse CHEVALIER, Grenoble, 1869,
etc..., et divers écrits de circonstance publiés au moment du Cente-
naire des Assemblées dauphinoises. Nous ne pouvons les énumérer
ici. Nous renvoyons le lecteur à la *Bibliog. hist. du Dauphiné pendant la Révolution franç.* (1789-1805), par Ed. MAIGNIEN, I, Grenoble, 1891.

(1) Cf. *Album du Dauphiné*, Grenoble, 1839, t. IV, art. sur *Mounier* (sans nom d'auteur), p. 13 : « Quand, au commencement de
l'année suivante, Mounier fit un premier voyage à Paris, le roi ayant
dit à l'archevêque de Vienne qu'il le remerciait d'avoir sauvé le
Dauphiné : « Ce n'est pas moi, répondit le vertueux prélat, c'est
notre secrétaire général. »

(2) Sur le rôle de Le Franc de Pompignan dans cette affaire, cf.
Mémoires du marquis de FERRIÈRES, t. I, l. I, pp. 31-32, et 48-57, où
il représente l'archevêque de Vienne « bon homme, prêtre régulier,
mauvais politique », comme gouverné par Necker, Mounier, et
l'archevêque de Bordeaux, Champion de Cicé, « homme ambitieux,
intrigant ». (Les auteurs de Mémoires appartenant à la droite, ne
pardonnent guère à Pompignan la réunion du clergé au Tiers qu'ils
croyaient possible d'éviter ; ils rendent néanmoins justice à l'honnêteté
et à la droiture de caractère de l'archevêque de Vienne : il est à noter
qu'ils détestent, au contraire, Champion de Cicé, arch. de Bordeaux.)
— Cf. aussi *Mémoires* de BAILLY, t. I, pp. 200-227, et p. 233, où il
raconte les incidents du 25 juin 1789, jour où une partie de la
noblesse vint à son tour se réunir aux deux autres ordres : « [Le
peuple] voulut entrer, il força la porte, et bientôt un certain nombre
parurent dans la salle : on les fit sortir, et je fus chargé avec MM. de
Vienne et de Clermont-Tonnerre d'aller parler au peuple... Nous
allâmes dans la galerie de bois... Nous lui dîmes que les ordres se
réuniraient successivement pour le bonheur commun... Il se retira
sur-le-champ. » (Nous citons les Mémoires relatifs à la Révolution
d'après l'édition de BERVILLE et BARRIÈRE, Paris, 1820-1827.)

(3) Le duc d'Orléans, élu par 553 voix sur 660 votants n'avait pas
accepté. L'archevêque de Vienne fut élu ensuite par 700 voix sur
793. Cf. BAILLY, t. I, p. 276. (On trouve une partie des discours que
Pompignan prononça aux Etats Généraux de 1789 dans MIGNE, II,
1079-1080.) — Quand on connut à Vienne cette élection, on décida
que les échevins feraient « placer un *may* à la porte du palais épis-

sur les « crimes » des ministres la « recherche et la vengeance des lois », Pompignan tente avec fermeté, mais
sans succès, de le ramener à la modération qui convient à
un ministre du Dieu de paix et de clémence (1); c'est en cette
qualité encore que, le 13 juillet, à la tête de quarante députés, il se présente chez le roi pour le conjurer de rétablir
la tranquillité dans Paris en éloignant les troupes (2); et
que, après la terrible nuit du 13 où il a dû se faire suppléer à
la présidence par La Fayette (3), pendant les troubles qui
suivent la prise de la Bastille, il sert d'intermédiaire entre
la cour et la représentation nationale (4), et finalement se
trouve chargé d'accueillir, de haranguer Louis XVI, lorsque
celui-ci décide subitement, le matin du 15 juillet, de se
rendre à l'Assemblée où il est accueilli avec un tel enthousiasme que tous les assistants se lèvent « comme un seul
homme » et sortent, aux applaudissements de la foule,
pour l'accompagner (5). Enfin, le 4 août, à la place de
Marbeuf qui venait de succéder à Montazet sur le siège de
Lyon, il est chargé de la feuille des bénéfices, entre au
conseil des ministres en même temps que Champion de
Cicé, La Tour-du-Pin, Beauveau, Saint-Priest, Montmo-
rin, la Luzerne (6). — Afin de s'adonner davantage à ses
nouvelles fonctions, il abandonne alors le titre d'archevêque de Vienne (7) et se choisit lui-même M. d'Aviau comme

copal avec un médaillon analogue aux événements arrivés depuis
sa présidence », et on supplia l'archevêque « d'agréer cet hommage
des citoyens ». (*Arch. municip.* de Vienne, B.B, 20 juillet 1789.)
  (1) BAILLY, I, 336; FERRIÈRES, I, 115.
  (2) FERRIÈRES, I, 116; BAILLY, I, 339.
  (3) FERRIÈRES, I, 123; BAILLY, I, 339-340.
  (4) Sur les négociations entre la cour et l'Assemblée, cf. FER-
RIÈRES, 133-135.
  (5) FERRIÈRES, I, 134; BAILLY, II, 6.
  (6) FERRIÈRES, I, 191, constate que Necker a choisi ses ministres
parmi les membres de l'Assemblée « qui réunissaient les suffrages
du parti populaire ».
  (7) C'est de quoi il est loué même par les *Nouvelles ecclésiastiques*
qui blâment Marbeuf de n'avoir pas abandonné l'évêché d'Autun,
cf. n° du 10 avril 1790, p. 58.
  Quand on apprit sa démission, il y eut à Vienne une explosion de
regrets dont on trouve la trace dans la délibération suivante du
Comité permanent : « Le comité est... d'avis qu'il faudrait rédiger
une adresse à ce respectable prélat par laquelle on lui ferait part de

successeur (1). Pensait-il alors que les nominations épiscopales qu'il faisait seraient les dernières de l'ancien Régime
et que, l'année suivante, il devrait s'occuper de la Constitution civile du clergé?

***

Ce sera l'heure critique de sa vie, la seule où l'on
croira découvrir entre ses principes et ses actes un désaccord dont le souvenir pèse encore sur sa mémoire. En
effet, dans son nouvel état, n'écoute-t-il point un instant
la voix de l'ambition? Ne se laisse-t-il pas séduire par les
honneurs imprévus dont on l'accable? N'accorde-t-il pas
trop de confiance aux hommes qui l'entourent? Enfin ne
pousse-t-il point jusqu'aux conciliations imprudentes et
lâches, son goût de tout arranger, son amour des solutions
mixtes (2) — qui souvent ne satisfont personne? Ce fut

la tristesse qu'une semblable nouvelle a répandue dans Vienne ; que
les bons citoyens entrevoient un avenir funeste pour leur ville, à
raison de ce changement ; que la source des charités immenses qu'il
faisait va par ce moyen être tarie ; et que, dans ce moment surtout,
où la misère est extrême, où les journaliers et les malheureux gagnent à peine de quoi subsister, cette privation se fera ressentir d'une
manière désespérante : que, lors même que son successeur remplirait
de semblables devoirs de charité, l'intervalle qui régnerait entre sa
nomination et la jouissance des fruits du bénéfice, laisserait toujours
pendant un temps considérable, sans ressources, les malheureux
qui ne vivent que de ses bienfaits ; qu'ainsi on espère... qu'il continuera à répandre la somme de ses aumônes comme par le passé, et
que cette attention ne servira pas peu à diminuer l'amertume d'une
telle séparation, en voyant qu'il n'abandonnera pas ses ouailles... »
Les membres du Comité s'en rapportent d'ailleurs à ce qu'on décidera au comité suivant ou en comité général (*Arch. municip. de
Vienne*, B.B., 17 sept. 1789, 4e Reg. du Comité permanent). — Au
même endroit, et dans le même cahier, se trouvent de curieuses
observations sur les travaux des membres de l'Assemblée nationale.
On projette de leur écrire pour leur témoigner « le désir universel
de les voir s'occuper sans relâche de l'organisation des tribunaux
et de l'ordre dans les finances », et s'abstenir « des *questions métaphysiques* auxquelles ils se sont livrés jusqu'à présent », et qui peuvent amener des troubles.
(1) Cf. *Hist. de Mgr d'Aviau*, par l'abbé Lyonnet, t. I, tout le
chap. 1er de la 2e partie.
(2) On en verra un curieux exemple dans la *Vie de M. Emery*, par
Gosselin, t. I, p. 210, où l'on explique comment l'archevêque de
Vienne, consulté par M. Emery sur l'adoption de la théologie dite de

l'opinion de plusieurs de ses contemporains, et notamment des esprits simplistes pour qui toutes les difficultés se dénouent aisément, des spectateurs qui n'assistent que de loin, ou sans y rien entendre, au drame de la Révolution.

Un jour, à Versailles, un seigneur de la cour aborde Le Franc de Pompignan et lui dit avec brusquerie : « Il est bien étonnant, Monseigneur, qu'après avoir employé votre vie à combattre les principes détestables de Voltaire et de Rousseau, vous finissiez par être leur exécuteur testamentaire ! (1) ».

Ainsi, c'est une question que nous ne pouvons éluder en finissant : — Par une suprême et fatale inconséquence, Le Franc de Pompignan a-t-il rompu avec tout son passé en coopérant à la sanction de la constitution civile du clergé ? — Et, pour reprendre la dure expression de son interlocuteur de Versailles : A-t-il été l'exécuteur testamentaire des philosophes ?

Voici d'abord pour l'affirmative un témoin sérieux, honnête, éloquent même, un homme qui a combattu, lui aussi, pendant tout le cours de sa carrière, contre les principes générateurs de la Révolution ou issus d'elle : c'est

---

Lyon moralement inspirée par Mgr de Montazet, proposa d'accepter provisoirement la théologie, mais d'en corriger oralement les doctrines répréhensibles et les tendances jansénistes.

(1) *B. S. S.*, Extrait des *Souvenirs recueillis de la bouche de Monseigneur de Saussin, évêque de Blois.* — Le même trait est rapporté en note par les éditeurs de FERRIÈRES, I, 31, mais il est mis sur le compte de l'abbé de Bonneval. — Les héritiers des philosophes ne purent-ils pas un instant considérer Pompignan comme rallié timidement à leur parti ? C'est ce qui semblerait résulter d'une note ajoutée à la *Vie de Voltaire* par CONDORCET, dans le dernier volume de l'édition de Kehl : Pompignan y est loué de sa « conduite noble et patriotique ». — « On le voit adopter aujourd'hui, ajoute cette note, les mêmes principes de liberté que, dans ses ouvrages, il reprochait avec amertume aux philosophes, et contre lesquels il invoquait la vengeance du despotisme ». Avec COLLOMBET, *Hist. de l'Egl. de Vienne*, III, p. 372, nous considérons que cette note vise seulement l'appui donné au Tiers-Etat par l'archevêque dans les Etats du Dauphiné. Les attaches dauphinoises de Condorcet sont assez connues pour qu'on s'explique de la sorte les éloges inattendus qu'il donne à notre prélat, en 1789 (t. LXX de l'édit. de Kehl).

l'abbé Barruel. Admirable tempérament de journaliste à qui il n'a manqué pour s'épanouir que de vivre un siècle plus tard, il excellait dès 1789 à cette sorte particulière de reportage qui consiste à découvrir les complots grands ou petits. Ne sourions pas, Messieurs : il en a dénoncé de trop réels, de trop dangereux contre l'Eglise et la révélation pour qu'on ne lui pardonne pas d'en avoir signalé quelquefois d'imaginaires. Mais il en a signalé d'imaginaires ! Dès 1784, par exemple, il avait flairé l'hérésie dans la bizarre *Histoire naturelle de la France méridionale* de l'un de ses compatriotes, l'abbé Giraud-Soulavie, lui reprochant de construire une genèse à sa façon — *La Genèse selon M. Soulavie* — et surtout d'avoir « observé dans les montagnes du Vivarais des couches de coquillages pétrifiés, avant les couches de plantes pétrifiées, tandis que Moïse dit les coquillages créés après les plantes (1). » De longs débats s'en étaient suivis ; l'affaire qui avait ému l'opinion fut portée successivement à la Sorbonne, au Châtelet, à l'officialité de Paris, avant de se terminer par la réconciliation aigre-douce des deux adversaires (2).

Or, nous retrouvons quelque chose de cette vivacité et de cet entêtement dans les critiques de Barruel au sujet de l'attitude de Le Franc de Pompignan, car c'est dès le lendemain de la mort de l'archevêque expiré le 29 décembre 1790 entre les bras de l'abbé Pichot, son secrétaire (3), et de l'abbé Adrien de Sauvages, du clergé de Saint-Sulpice (4),

(1) Bachaumont, t. XXVII, 20 décembre 1784.

(2) Cf. *Les Helviennes ou Lettres prov. philos.*, 4ᵉ édition, Amsterdam, 1789, t. Iᵉʳ, p. VIII, note 1, et la première dissertation intitulée : *La Genèse moderne*, etc… (reproduction de *La Genèse selon M. Soulavie*, devenue très rare). Barruel y institue une réfutation étrange des théories de Soulavie qu'il consent à ne plus nommer parce que ce dernier a consenti à déclarer que « ses observations, comparées à l'autorité de Moïse, sont *nulles, minutieuses* ».

(3) *B. S. S.*, fonds Emery, lettre de l'abbé Mazard, 10 mars 1802 : « M. Pichot, qui est domicilié à Vienne chez Mˡˡᵉ Chapart, ne l'a pas quitté jusqu'à sa mort. »

(4) Cet ecclésiastique, qui faisait partie du clergé de Saint-Sulpice en 1790, mourut chanoine de Lyon et directeur des Frères des écoles chrétiennes de cette ville, en 1841, âgé de quatre-vingt-un ans. (Cf. *Hist. de Mgr d'Aviau du Bois-de-Sanzay*, par l'abbé Lyonnet, 1847, t. I, p. 379 ; et l'*Ordo* lyonnais de 1842.)

plus tard chanoine de Lyon, que le *Journal ecclésiastique* (1)
entre en campagne contre la mémoire du défunt. Presque
aussitôt Barruel revient à la charge dans l'*Histoire du
clergé pendant la Révolution française* qu'il écrit à Londres
en 1793 « sous la protection de la nation anglaise (2) ». Et
ses arguments qui servent de base aux accusations postérieures ou du moins aux réserves de Proyart, de Feller (3)
— Feller qui compare la vieillesse de Pompignan à
celle de Salomon ! — de Royou (4), de Thémines (5), de
Guillon (6), semblent encore indirectement confirmés par
les documents que Theiner a tirés des archives vaticanes,
et où la conduite de Mgr de Cicé, archevêque de Bordeaux,
collègue de Le Franc de Pompignan au ministère, s'éclaire
d'un jour assez triste (7).

Mais pour la négative, Messieurs, c'est-à-dire en faveur
de l'innocence de notre prélat, nous avons à opposer à

(1) Février 1791, p. 280.

(2) P. 58 de l'ouvrage qui est « dédié à la nation anglaise ». Barruel y porte le titre d'aumônier de S. A. S. la princesse de Conti.

(3) *Biographie universelle*, éd. de 1849, art. Pompignan, en note :
« C'est la vieillesse qui présente l'exemple des grandes chutes... Oui,
c'est l'âge fatal où l'on a vu tomber un Salomon, un Tertullien, un
Osius, un Libère, et, s'il faut un exemple de notre siècle, un Pompignan. » Feller reproduit aussi avec complaisance un passage décla-
matoire de Barruel où Pompignan est représenté comme ayant peur
qu'on ne sût aux Jacobins qu'il avait pleuré sur les maux de l'Eglise,
etc...

(4) Dans l'*Ami du Roi*, journal qui dura du 1er juin 1790 au 4 mai
1792.

(5) Dans une ordonnance de 1791 à laquelle fait allusion Picot,
Biogr. Michaud, art. Pompignan. — A noter que M. de Thémines,
ancien évêque de Blois, refusa en 1801 sa démission, et, « par ce
refus obstiné..., devint le fauteur principal, sinon l'auteur de la Petite
Eglise », comme l'affirme le P. A. Jean, dans *Les Evêques et Archevêques de France* de 1682 à 1801, Paris, 1891.

(6) Guillon, *Collection des brefs du Saint-Siège*, t. I, p. 38, à
laquelle renvoie Collombet.

(7) P. Theiner, *Documents inédits relatifs aux Affaires religieuses
de France*, 1790 à 1800, Paris, 1857-1858, t. I, p. 425. On trouve là
une lettre de Mgr de Mercy, évêque de Luçon (16 juin 1795), qui
recommande à Mgr Caleppi, le malheureux archevêque de Bordeaux, et se porte garant de ses rétractations. « Il signa, dit-il,
comme garde des sceaux, cette fatale acceptation de cette criminelle
Constitution civile... Sa prudence, parce qu'elle était trop humaine,
le trompa ; il crut en faire assez en obtenant que cette acceptation du

Barruel un témoin non moins probe, non moins désinté-
ressé que lui, mais à coup sûr plus calme, plus modéré,
plus habitué à comprendre les sentiments complexes et à
se mouvoir au milieu des situations difficiles. Ce témoin
a laissé dans l'histoire de l'Eglise de France un nom res-
pecté de tous : c'est M. Emery, supérieur de Saint-Sulpice, — un des hommes qui furent peut-être appelés, dès
1790, à donner secrètement leur avis dans les questions
troublantes qui s'agitèrent alors au conseil du roi.

Or, dans sa notice sur Le Franc de Pompignan, tout en
faisant aux adversaires de l'archevêque de Vienne quelques
concessions de détail, et, par exemple, qu'il « n'était pas un
grand politique » (1), il reprend les principales accusations
de Barruel et n'en laisse aucune debout. Surtout il ramène
à une question de date la solution de la difficulté la plus
grave, en montrant que Pompignan ne put assister et, de
fait, n'assista pas au Conseil du 24 août 1790 où fut accordée par le roi la sanction de la constitution civile. « M. Barruel, dit-il, a été très mal informé... Nous avons sur ce
point des témoignages irrécusables (2). »

Quels sont ces témoignages ? La notice de M. Emery ne
le dit pas. Heureusement ses papiers en gardent la trace, et

roi serait conditionnelle, et resterait sans effet jusques à ce que
Sa Sainteté, consultée en cette importante matière par le roi, lui eût
fait connaître ses intentions. Mais à son insu, ainsi qu'il l'assure,
contre ses intentions et malgré ses ordres, cette fatale loi fut publiée
avec la sanction du roi avant que la réponse du Saint-Siège fût
arrivée... » — Dans cette lettre, dans d'autres écrites par le même
prélat (THEINER, *Documents*, II, pp. 196-207), dans la correspondance de Champion de Cicé lui-même (*ibid.*, II, 53-62), il n'est aucunement fait allusion à Le Franc de Pompignan. Il est à croire, d'ailleurs, par l'ensemble de ces lettres, que l'archevêque de Bordeaux
expia durement ses illusions et ses fautes, et que, sans l'assistance paternelle de Pie VI, la charité de Mgr Caleppi et de l'évêque de Luçon,
il les eût expiées plus durement encore, car on ne lui tint guère
compte, dans les milieux français, de ses excuses et de la sincérité de
son repentir, reconnue pourtant par Barruel lui-même, dans ses
Mémoires pour servir, etc., t. I, p. 88.

(1) MIGNE, I, 17.
(2) *Ibid.*, 15. — Nous avons cherché à savoir si, d'aventure, les
papiers de Barruel contiendraient quelque document qui puisse préciser ou appuyer les accusations de ses livres. Ces papiers, qui exis-
tent encore, sont dispersés et « inabordables » en ce moment.

l'on conserve à la bibliothèque de Saint-Sulpice une lettre qui lui fut adressée en 1802 par l'abbé Pichot, ancien secré-taire de Mgr de Pompignan (1). — Ce document émane, il est vrai, d'un ecclésiastique entièrement dévoué au prélat; mais — notons-le — c'est sur l'indication de Mgr d'Aviau, que cet ecclésiastique a été mis en relations avec M. Eme-ry (2). Puis, sa façon précise et simple de raconter ce qu'il sait, ce qu'il a vu, inspire assez vite confiance. Il allègue des faits, cite des dates, des noms, se réfère à des témoins dont la plupart survivent en 1802, et qui pourront, au besoin, lui servir de garants, si M. Emery les consulte, comme ses relations le mettent à même de le faire. Dans sa reconnaissance pour le vieil archevêque, il s'indigne, il est vrai, contre le réquisitoire de Barruel, et c'est ce qui expli-que que sa lettre ait parfois le ton d'un plaidoyer.

Ce plaidoyer, écoutez-le, Messieurs, avant de conclure, si du moins, dans une matière si délicate, vous tenez abso-lument à une conclusion catégorique (3). Le document offre,

(1) Dans l'*Almanach du Dauphiné* de 1789, il est désigné comme secrétaire de l'archevêché et prieur de Saint-Martin de Chasse.

(2) *B. S. S.*, fonds EMERY; la lettre de M. Pichot (8 mars 1802) débute ainsi : « M. l'archevêque de Vienne *vient de me faire passer* un extrait de votre lettre du 24 février 1802, etc... » Et M. Emery put voir quelque temps après Mgr d'Aviau à Paris, puisque ce prélat date une de ses lettres de cette ville, le 2 juin 1802. (Cf. dans la *Semaine religieuse de Carcassonne*, mars 1903, une *Corresp.* de ce prélat avec Mgr de la Porte, publiée par M. CHARPENTIER.)

(3) Pour préciser ce qui suit, nous indiquerons brièvement ici, autant que possible d'après les documents qui restent, comment on peut se représenter, à mesure que les événements se déroulent, les dispositions de conscience de Pompignan : — 1° *Après la lettre de Pie VII* (10 juillet 1790). — Il ne songe point (v. pl. b.) à la publier; mais n'hésite pas à faire auprès de Louis XVI les représentations demandées, à l'heure même où la Constitution projetée est votée par l'Assemblée (12 juillet) : « Dum igitur apud religiosum principem egi, *ac saepe institi*, ut Ecclesiam... sartam tectam in amplissimo regno suo... custodiat, nec eamdem esse addidi religionis, quae Dei opus, ac institutionum humanarum, quae mutationibus subjacere possunt, conditionem, nihil audivit quod non a seniore episcopo exspectaret... » (THEINER, loc. cit., I, 282.) — 2° *Derniers jours de juillet 1790.* — Le conseil du roi est d'avis que le roi accorde aux décrets de l'Assemblée une sanction provisoire, laquelle ne deviendra définitive que moyennant l'approbation des évêques ou du Chef de l'Eglise (DURAND-MAILLANE, *Hist. du Comité eccl.*, Paris, 1791, p. 83). Le pape est averti de l'intention déclarée du roi. Mais on se flatte encore d'obtenir son aveu pour une transaction bizarre que Bernis

au surplus, l'avantage d'éclairer plusieurs points demeurés obscurs dans la conduite de Le Franc de Pompignan.

A M. Emery qui lui demandait sans doute s'il était vrai, comme le soutient Barruel, que l'archevêque en proie au remords après le 24 août, fût réellement mort de douleur, voici comment répond l'abbé Pichot, le 8 mars 1802 (1) :

«... Si le chagrin a contribué à sa mort ? ce ne peut être que le parti [qu'à cause du parti] qu'il avait tant à cœur ; *il prévoyait tous les maux qui ont été la suite de la Révolution.* S'il a eu la faiblesse de se joindre au tiers-état le cinquième jour de leurs séances dans l'Eglise de Saint-Louis, *ce n'a été qu'après avoir épuisé tous les moyens, tant auprès du clergé qu'auprès de la noblesse, pour les engager à se réunir ensemble... J'ai été témoin de toutes ses démarches et du peu de fruit qu'elles ont produit. Celles faites à plusieurs reprises auprès du roi, à onze heures du soir, dans le plus grand secret, prouvent qu'il n'agissait que d'après son consentement.* Et encore, pour se décider à cette réunion, il se fit exhiber une liste des membres du clergé qui s'étaient

transforme en propositions (V. dans THEINER, I, ces *Proposizioni*, 267, *Osservazioni confidenziali*, 271, *Pro Memoria*, 275). — Pompignan fait probablement partie de la minorité du conseil avec le roi lui-même : « *Non ea quae optabam ego, et ipse rex...,* » écrit-il au pape, au sujet des propositions envoyées. (THEINER, I, 283.) Mais il reste encore à son poste, sur la prière de Louis XVI, parce qu'il croit que là est son devoir et peut-être que sa démission précipiterait les événements ; parce qu'il attend loyalement la réponse du pape aux propositions de la cour ; parce qu'il a d'ailleurs la promesse de Louis XVI de ne pas rendre la sanction publique et exécutoire, au moins avant cette réponse. (*B. S. S.*, Lettres de l'abbé Pichot, 1802.) — 3º *Du 1er juillet au 24 août.* — Sous la pression des événements, le roi est porté à sanctionner *définitivement* la Constitution, ce qui arrive le 24 août. — Pompignan s'aperçoit qu'il n'y a plus rien à faire au conseil des ministres. Accablé de douleur et d'inquiétude, il tombe gravement malade, *dès le 17 août.* On profite de son absence pour accorder la sanction finale. (*B. S. S.* Lettres de l'abbé Pichot, 1802.) Champion de Cicé a la faiblesse d'y apposer les sceaux, peut-être avec l'espoir secret qu'elle ne sera encore cette fois ni publiée ni exécutée (V. la lettre de Mgr Caleppi, THEINER, II, 245). Pompignan assiste impuissant, de sa chambre de malade, aux événements qui suivent et qu'il réprouve.

(1) *B. S. S.*, fonds EMERY. Nous soulignons dans le texte les passages dont M. Emery n'a pas fait usage dans sa notice, et qui ajoutent, par conséquent, quelque nouveau détail à ce qu'on savait déjà.

pour lors réunis: *cette liste se portait à plus de deux cents* (1). Je l'ai eue entre les mains assez longtemps pour en affirmer la vérité. *Je passerai sous silence les mandats impératifs de la province du Dauphiné à ce sujet.*

« On ne peut pas lui reprocher d'avoir coopéré à la sanction du roi à la constitution civile du clergé puisqu'il n'était pas au conseil. Il tomba malade le 17 août 1790, et ne sortit de son appartement que pour aller au tombeau, et la sanction... n'eut lieu que le 24 août. J'en atteste à M. de Saint-Priest, ministre de l'intérieur, qui le même jour vint en faire part à M. de Pompignan, et je fus témoin des larmes abondantes qu'ils versèrent l'un et l'autre. *Le lendemain, des affaires m'appelèrent auprès de Mme la marquise de Grammont ; au moment que j'eus conclu l'affaire qui m'appelait auprès d'elle, entrèrent M. l'archevêque de Bourges* (2), *M. l'évêque de Dijon* (3) *et celui de Castres* (4), *Mme de Grammont demanda quelles étaient les nouvelles de l'assemblée. Ils répondirent qu'au conseil du roi, on avait profité de la maladie de M. l'archevêque de Vienne pour faire sanctionner cette constitution, et qu'ils étaient bien persuadés qu'elle n'aurait pas eu lieu si M. l'archevêque de Vienne s'y était trouvé ; il en avait la promesse du roi.* Voilà le fait. Néanmoins cela n'a pas empêché que l'abbé Barruel... n'ait eu l'audace d'affirmer que M. de Pompignan avait coopéré à cette sanction. Il faut avouer que l'abbé Barruel ou est un imposteur, ou a été mal instruit. S'il est un imposteur, il ne pourra jamais réparer le tort qu'il a fait à la réputation d'un aussi saint prélat. S'il a été mal instruit, il doit en faire l'aveu public. — Quant au bref que M. de Pompignan avait reçu de Pie VI, j'en

(1) FERRIÈRES, I, 57, ne parle que de cent soixante curés et de six évêques présents le 22 juin à la réunion de l'église Saint-Louis.

(2) Mgr de Chastenet de Puységur, mort en 1815 seulement.

(3) Mgr des Montiers de Mérinville, mort en 1829, après avoir administré quelque temps l'archidiocèse de Lyon, en 1802, avant l'installation de Mgr Fesch.

(4) Mgr de Royère, mort en Portugal en 1802. — Cet évêque, et ceux que nous avons nommés dans les notes précédentes, donnèrent leur démission en 1802.

ai remis l'original à M. l'évêque de Clermont (1) *avec une copie de sa réponse. M. le curé de Saint-Sulpice en a une copie écrite de ma main...* »

Cette dernière phrase fait allusion à un autre grief de Barruel : pourquoi, demandait-il, M. de Pompignan a-t-il tenu secrète la lettre que le Pape lui avait écrite le 10 juillet 1790, et qui désapprouvait nettement la constitution civile ? — A quoi l'on peut répondre, d'abord, qu'une telle communication, faite hors du conseil du roi, n'est guère dans les traditions de gouvernement, et que cette réserve lui était, de plus, « commandée par les circonstances (2) ». Sur ce point, M. Emery ajoute un éclaircissement décisif : « Trois ou quatre jours après la mort de M. l'archevêque de Vienne, dit-il, le bref ayant été trouvé dans ses papiers et communiqué aux évêques de l'assemblée les plus zélés, tels que M. l'évêque de Clermont, ils jugèrent d'après sa teneur qu'il serait imprudent de le rendre public (3) ».

Quoi qu'il en soit, M. Emery n'en dut pas moins reprocher à l'abbé Pichot la vivacité avec laquelle il s'en prenait à Barruel, car, dans une lettre du 14 mars 1802, l'ancien secrétaire de Pompignan revient quelque peu sur l'appréciation qu'il a donnée *ab irato* (4). Qu'on nous permette encore de citer une partie de cet autre document. Le désintéressement de l'archevêque de Vienne y est peint sous de naïves couleurs ; et peut-être apparaîtra-t-il par là qu'on ne peut confondre son cas avec celui de son collègue Champion de Cicé, qui ne demanda nullement, lui, arche-

---

(1) Mgr François de Bonal, mort à Munich en 1800.
(2) Picot, art. Pompignan, dans la Biographie Michaud.
(3) Migne, I, 16-17. — D'ailleurs on peut le lire dans Theiner, *Documents*, I, p. 9. Le Pape y engage le vieil archevêque à user de son influence auprès de Louis XVI pour le détourner de sanctionner la Constitution : « Facile certe poteris optimi Regis animum inducere, ut abstineat se ab illa fatali sanctione... Si his sensibus evangelica plane vi apud Regem institeris, etc... » Ces expressions, et quelques autres qui les précèdent, indiquent assez qu'il ne s'agit pas d'un document à rendre public, puisqu'on demande à Pompignan d'exercer une action intime et personnelle.
(4) *B. S. S.*, fonds Emery.

7

vêque de Bordeaux, à s'éloigner du conseil, où il eut le malheur d'assister jusqu'à la date fatale du 24 août : « Je vous répète, écrit l'abbé Pichot, que si le chagrin a contribué à devancer sa mort, *c'est* [à cause de] *son grand attachement à la religion et au roi. Que de larmes je lui ai vu répandre au retour du conseil, surtout lors du séjour que le roi fit à Saint-Cloud. Ce monarque avait pris de l'attachement pour lui et de la confiance.* Il avait toujours refusé sa démission qu'il lui avait présentée plusieurs fois : le monarque lui répondit la dernière fois : *Que deviendrai-je si tous les honnêtes gens m'abandonnent !* — Ne soyez pas scandalisé, Monsieur, des termes dont je me suis servi contre l'abbé Barruel. J'ai toujours reconnu ce sujet comme un excellent homme et je suis convaincu que, dans cette circonstance, *il a été trop vite. Il lui était facile de prendre des informations.* Si vous étiez à portée de le voir, je vous conjure de l'engager à rétracter une erreur si préjudiciable à la mémoire du respectable prélat... ».

*
* *

Oui, Messieurs, Barruel « a été trop vite » : c'est la conclusion que nous pouvons tirer de ce qui précède. — Il a pris les apparences pour la réalité. Que Pompignan ait mis quelque lenteur à discerner où le conduisaient les événements, cela est fort possible. Encore savons-nous qu'il n'est resté si longtemps à son poste que par devoir. — Que, dans le désarroi des consciences, alors que les plus droits hésitaient, attendant de Rome la lumière, il se soit associé, avant l'acte final, aux négociations en cours, cela est certain. Il était, nous l'avons vu, dans sa nature et dans ses habitudes, de ne jamais brusquer une solution, de ne jamais rompre avec éclat. Pour que de telles négociations pussent être estimées criminelles, il aurait fallu que tous les articles de la Constitution fussent également inacceptables. Or, on n'a qu'à lire dans Theiner sa réponse du 29 juillet à Pie VI pour se convaincre que très sincèrement il n'en jugeait pas ainsi, que, sur un certain nombre de points, un *modus vivendi* lui paraissait momentanément le moyen le plus propre à calmer les esprits sans porter atteinte à la législation fondamentale de l'Eglise (1). Ce *modus vivendi* dont le cardinal de Bernis sera chargé officiellement de discuter les clauses, Pompignan tient à déclarer qu'il ne représente ni la pensée de Louis XVI ni la sienne. Il ne le propose qu'à contre-cœur, non comme un règlement définitif, mais comme un pis-aller, comme une « dispense » essentiellement provisoire qui tirera sa valeur de l'approbation du Saint-Siège (2). De bonne foi, est-ce là le langage d'un évêque prêt à collaborer au schisme, ou tout au moins à le subir ?

Ne savons-nous pas, d'ailleurs, par les *Mémoires* de Salamon (3) que, le 26 juillet, le nonce Dugnani estimait encore possible un arrangement, moyennant certaines concessions particulières ; et qu'à Rome, enfin, avant qu'on eût connu la sanction définitive et publique précipitamment donnée le 24 août, Bernis chercha de son côté, à plusieurs reprises, des voies de conciliation (4), sans que le Pape le trouvât mauvais, puisque, loin de rejeter en bloc, par un *non possumus* absolu, les propositions envoyées par le conseil du roi et celles de Bernis lui-même, il remit à une congrégation de vingt cardinaux le soin de les examiner à loisir (5) ?

(1) « Eminentissimo Cardinali de Bernis mandabuntur, ejusque ministerio ad aures Sanctitatis vestrae deferentur, non ea quidem, *ut optabam ego, et rex ipse voluisset,* quae strictae sacrarum regularum observationi Ecclesiaeque dignitati magis congruunt, sed quae videtur exigere luctuosi temporis necessitas, conscientiarum tranquillitas, imminens schismatis periculum. Et ista non ut leges perpetuae, sed tanquam *provisoriae dispensationes* proponuntur. » THEINER, *Documents inédits,* I, 283.

(2) « Quòd spectat episcopos gallicanos secundique ordinis in Gallia animarum rectores, ac sacramentorum ministros, augurari aequum est hanc agendi rationem, sedis apostolicae sigillo munitam, sicut eos a praesenti angustia extricaturam, ita normae instar, et quidem tutae, ab eis habendam. » THEINER, *loc. cit.*

(3) *Mém. inéd. de l'internonce à Paris,* 1790-1802, publiés par l'abbé BRIDIER, 2ᵉ éd., Paris, 1892, — Pièces justificatives, nᵒ VI.

(4) THEINER. *ibid.,* I, 265-281.

(5) Cf. F. MASSON, *Le cardinal de Bernis depuis son ministère,* Paris, 1884, pp. 483-485. — Pie VI lui-même fait plusieurs fois allusion à ces lenteurs et à l'étonnement qu'elles doivent causer. (V. dans

De ces atermoiements, de ces illusions, de ces pénibles et infructueux essais de transaction qu'on ne constate pas seulement du côté de Le Franc de Pompignan, et que les ardents de l'Assemblée reprochèrent même au Saint-Siège en se plaignant d'être abandonnés de lui (1), peut-on conclure sérieusement qu'à un moment donné l'ancien archevêque de Vienne ait failli lourdement, qu'il ait contredit son passé par sa fin ? Vous l'admettrez malaisément, Messieurs.

Et c'est pourquoi, douze ans après sa mort, au moment du rétablissement de la paix religieuse, si M. Emery cherche à offrir à l'épiscopat nouveau, issu du Concordat, un tableau exact de ses devoirs, c'est à un traité inédit de Pompignan qu'il a recours. Il publie alors les *Lettres à un évêque* (2) qui viennent de lui être remises par l'abbé Pichot.

— Cela, Messieurs, eût-il osé, eût-il pu le faire, si tout le clergé de France, composé en partie des survivants et des martyrs de la Révolution, avait pu se lever et lui dire : Pourquoi nous apportez-vous l'œuvre d'un renégat et d'un lâche ?

Ainsi, Messieurs, dans l'état actuel des documents, il devient impossible d'affirmer que, le 24 août 1790, l'apologiste Jean-Georges Le Franc de Pompignan, déchirant ses ouvrages et reniant sa vie, ait été l'exécuteur testamentaire des philosophes.

Le malheur des temps a voulu seulement que, ministre

THEINER, I, sa lettre du 17 août 1790 à Louis XVI, p. 15 ; celle du 10 mars 1791 au Card. de La Rochefoucauld, p. 34, *ad finem* ; enfin celle du 13 avril 1791 aux évêques de France, où il refait l'historique des négociations, p. 76.)

(1) MASSON, *loc. cit.*, p. 486.

(2) Ces lettres ont dû être composées pendant les premières années de l'épiscopat à Vienne, puisqu'elles furent d'abord destinées à Monseigneur Frétat de Sarra, ancien vic. gén. de Mgr de Pompignan, depuis évêque de Tréguier et de Nantes, où il mourut en 1783. — La notice sur Pompignan qui précède ces lettres fut fort approuvée de Mgr de Bausset, plus tard cardinal, ancien évêque d'Alais. Notons ce qu'il écrit à M. Emery : « ... Ses amis et ses parents doivent être bien satisfaits de la manière simple, franche, claire et précise, dont vous avez justifié sa mémoire contre l'opinion trop légèrement et trop généralement répandue sur la dernière époque de sa vie... » Cité par GOSSELIN, *Vie de M. Emery*, Paris, 1862, t. II, p. 27.

et conseiller de Louis XVI, il assistât à l'ouverture du testament. Très préoccupé alors de rester dans le droit chemin (1) en servant à la fois la France renouvelée et l'Eglise éternelle, il s'est appliqué d'abord — aussi honnêtement qu'inutilement — à découvrir par quelle issue libératrice la France pourrait échapper aux redoutables clauses qui devaient la conduire au schisme.

Mais quand il a fallu accepter jusqu'au bout toutes ces clauses et les signer de son nom, il a reculé d'horreur. Après avoir tenté le dernier effort, il s'est retiré. Et il est bien vrai — mais c'est à son honneur (2) — qu'il est mort de chagrin.

(1) C'est ce qui paraît à la fin de sa lettre à Pie VI, où il adresse à Dieu cette prière : « Demum, si de me loqui fas est, ita dirigat gressus meos, ut auspice benedictione vestra, non declinem neque ad dexteram neque ad sinistram. » THEINER, I, 283.

(2) Dès le 13 janvier 1791, c'était l'avis de Mgr d'Aviau. Il est clairement exprimé dans sa belle lettre aux fidèles du diocèse de Vienne sur la mort de son prédécesseur. (V. *Hist. de Mgr d'Aviau*, par l'abbé LYONNET, I, pp. 581-582.

CONCLUSION

Pour juger Pompignan avec équité, convient-il au surplus, Messieurs, de s'attarder outre mesure à considérer
les deux dernières années de sa vie et sa fin douloureuse ?

Quand sa conscience politique, hâtivement formée au
gré des circonstances, aurait été sujette à quelques erreurs,
que pourrait-on en déduire contre le reste de sa carrière,
si ce n'est qu'il arrive quelquefois aux hommes de doctrine
de perdre leur sang-froid et la nette vision des choses, le
jour où, métamorphosés en hommes d'action, ils se trouvent aux prises avec des difficultés que leurs habitudes spéculatives ne les préparaient guère à prévoir et à soutenir ?
Si jamais il était démontré qu'on dût invoquer pour Pompignan cette première excuse, il faudrait tout de suite ajouter que ses illusions, à tout prendre, furent généreuses.
C'est le fait d'un esprit assez souple, large, hardi, de
s'être associé sur le tard aux réclamations enthousiastes de
tout un peuple en faveur de la liberté politique, au risque
de voir compromis sous ses yeux l'établissement séculaire
où les siens et lui-même avaient accoutumé de vivre paisi-
blement. De même, c'est par un mouvement de son cœur,
épris d'unité et d'harmonie, qu'après avoir essayé quelque
temps d'une entente entre le clergé et la noblesse, il résolut
soudain de céder aux désirs du clergé inférieur, et de pro-
mouvoir, l'un des premiers, l'un des seuls parmi les hauts
dignitaires ecclésiastiques, l'union — qu'il crut entrevoir
féconde — de son Ordre et du Tiers-Etat. Enfin, il ne faut
pas se lasser de le répéter, s'il accepta l'idée d'un accommodement trop subtil, et au fond impraticable, entre les
violentes exigences de l'Assemblée et la discipline tradi-
tionnelle de l'Église, s'il fit avec ses collègues du ministère

défendre cet accommodement à Rome, après avoir obtenu de Louis XVI qu'il ne sanctionnerait pas efficacement la constitution, ce fut dans l'espoir d'arriver, par de passagers sacrifices, à conjurer le schisme qui était peut-être nécessaire, à cette heure critique de l'histoire de l'Eglise gallicane, pour dissiper certains préjugés à la lumière des faits et préparer sur de plus solides assises l'alliance du Saint-Siège et de la France.

Mais il est dur de croire à de telles nécessités, dur surtout de s'y résigner à l'avance. C'est pourquoi la destinée de Le Franc de Pompignan demeure jusqu'à un certain point digne de compassion.

Après avoir de son mieux, dans des conditions difficiles, travaillé pour la religion et l'Eglise de France, il voit échouer presque tous ses efforts. Il n'est pas jusqu'à son œuvre d'apologiste, pour laquelle il dépensa cependant toute l'activité de sa jeunesse et de son âge mûr, qui n'ait dû lui paraître plus que jamais inféconde, en ces derniers mois de 1790, qu'il passa entre la vie et la mort dans sa chambre de malade. Sans doute, on ne parle plus à ce moment ni de la bulle *Unigenitus*, ni des refus de sacrements, ni des jansénistes, ni des parlementaires, mais les foyers de discorde allumés par les jansénistes ne sont pas éteints pour cela ; et, au sein du *Comité ecclésiastique*, les parlementaires eux-mêmes ont trouvé des continuateurs redoutables de leur œuvre. Quant aux idées semées par les philosophes, non seulement elles ont germé, mais voici qu'elles portent tous leurs fruits, tandis qu'à travers les orages de la Révolution, la foi de ceux que l'apologiste a préservés va subir les plus terribles assauts. De longtemps quels hommes pourront s'exercer à défendre la vraie doctrine ou simplement à l'exposer ? La ruine consommée de la puissance ecclésiastique entraînera, en effet, l'impossibilité matérielle et morale d'un renouveau pour les études religieuses : à l'Eglise dépouillée de ses biens, les écoles, les maîtres, les élèves manqueront ; avec les bibliothèques des couvents dispersées ou confisquées, les meilleures armes, les munitions pour soutenir la guerre, passeront et, même après le Concordat, resteront entre les mains des indifférents, des étrangers, quelquefois des ennemis. Combien d'années faudra-t-il attendre avant que le rôle assumé par l'évêque du Puy vers le milieu du XVIIIe siècle, et que d'autres assumèrent avec lui ou après lui, puisse être utilement repris contre les successeurs de Voltaire et de Rousseau ?

Durant ses heures d'angoisse intellectuelle, le vieil archevêque dut certainement se poser des questions semblables. S'il avait prévu alors qu'un temps viendrait où l'incrédulité du prochain siècle se lasserait des sarcasmes de Voltaire, où la postérité ne trouverait guère à répéter, après tout, de meilleurs arguments que les siens contre quelques-unes des utopies de Rousseau, peut-être aurait-il moins « pleuré » pendant ses derniers jours. Une vie de travail généreux et d'oubli de soi n'est jamais totalement manquée. Et il est très consolant de penser qu'à la longue, et Dieu aidant, les efforts aboutissent qui semblaient perdus. Parmi les idées que Le Franc de Pompignan a jetées dans la circulation, il y en a qui méritaient de faire longtemps leur chemin, et qui continuent de le faire, quoiqu'on ait probablement refermé pour jamais les livres un peu froids où le bon sens du laborieux prélat les avait consignées.

Cela, Messieurs, il ne faut point l'oublier ; car la meilleure fortune qu'on puisse souhaiter à des idées saines, c'est de devenir tellement communes qu'elles demeurent ensuite anonymes.

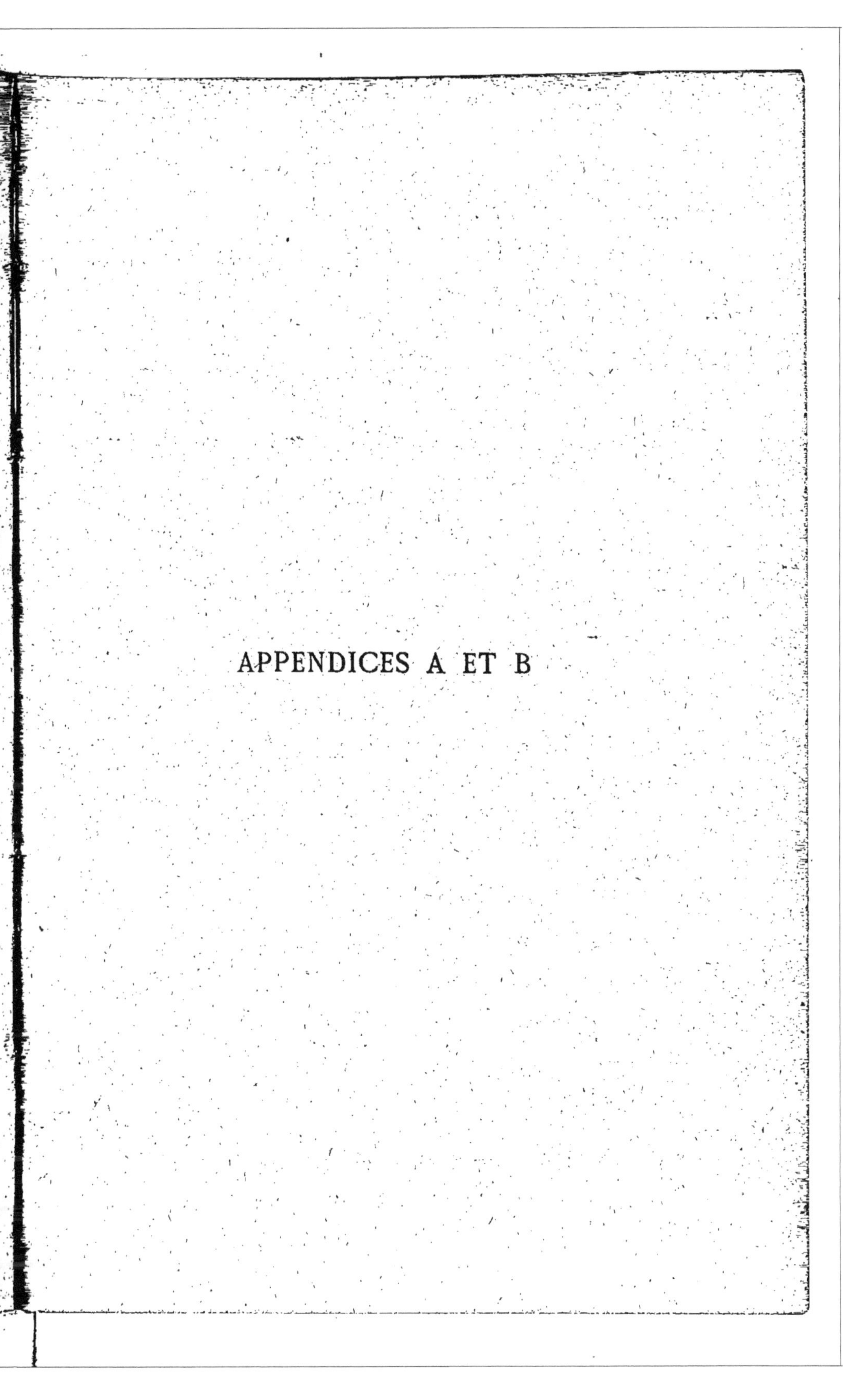

APPENDICES A ET B

APPENDICE A

Ouvrages de Jean-Georges Le Franc de Pompignan.

Pour établir cette liste, nous nous fondons sur les renseignements fournis par la *France littéraire*, de Quérard, mais nous nous sommes efforcé de les compléter et de les corriger — autant que possible — d'après les données que nous avons pu recueillir çà et là. — Il va sans dire que nous ne faisons pas entrer dans cette liste les Mandements ordinaires, Catéchismes, éditions de livres liturgiques, Rapports divers, etc., qui n'appartiennent pas, à proprement parler, à l'œuvre littéraire du prélat. Quand, l'occasion s'en est présentée, nous avons d'ailleurs parlé de ces divers documents dans les notes du travail qui précède. (Cf. aussi, Barbier, *Dict. des ouvrages anonymes et pseudonymes*, Paris, 1822-1827.)

1

1736. — C'est Le Franc de Pompignan qui a édité, d'après Quérard, la deuxième partie de la *Dissertation sur le passage de l'historien Josèphe touchant Jésus-Christ*, du P. Tournemine, dans le *Mercure de France* (août 1739).

2

1739-1744. — *Essai critique sur l'Etat présent de la République des lettres*. Paris, 1744, in-4°; Paris, Chaubert, 1764, in-18 de pp. 40.

Cet ouvrage a été souvent attribué à l'évêque du Puy (par exemple par la *Corresp. litt.* de Grimm, t. 3e, 1er février 1764, et, dit Quérard, par la *France littéraire* de 1769).

De son côté, Quérard estime qu'il est plus vraisemblablement de Jean-Jacques Le Franc de Pompignan; il n'est pas, en effet, dans la liste des ouvrages de Jean-Georges L. F. de Pompignan fournie en 1802 par l'abbé Pichot à M. Emery.

La question est tranchée — en faveur de l'évêque — par le P. de Sommervogel, dans sa *Table méthodique des Mémoires de Trévoux*. L'édition de 1764 est publiée, en effet, sous le nom de « l'abbé Le Franc, aujourd'hui évêque du Puy ». Dans l'*Avis de l'imprimeur* qui précède cette édition, il est dit que l'auteur lut cet essai devant la Société littéraire de Montauban, en 1742, et qu'il fut imprimé pour la première fois dans le Recueil des ouvrages publiés par cette Société transformée en Académie (1743).

3

1747. — *Oraison funèbre de très haute, très puissante, excellente et très vertueuse princesse Marie-Thérèse, infante d'Espagne,* prononcée le 24 novembre 1746 dans l'église Notre-Dame (1747), in-4°.

Ce discours fût prononcé à la première cérémonie pontificale que présida Christophe de Beaumont à Notre-Dame, comme archevêque de Paris. (Cf. REGNAULT, *Christophe de Beaumont,* Paris, 1882, I, p. 117.)

4

1751. — *Instruction pastorale adressée aux nouveaux convertis* de son diocèse, au Puy, de l'imprimerie d'Antoine Clet, imprimeur du Roy et de Mgr l'évêque, rüe du Collège.

Quérard indique une édition in-12, Montauban, 1751.

5

1751. — *Questions diverses sur l'incrédulité.* A Paris, 1751, in-12.
Réimprimées plusieurs fois, entre autres en 1753 et en 1757. (Anon.)

6

1753. — *Le véritable usage de l'Autorité séculière dans les matières qui concernent la religion,* par M. l'év. d. P. — A Avignon, chez François Girard, place Saint-Didier, 1753, in-18 de pp. 155. (Anon.)

Le *Catalogue des livres de la biblioth. de feu M. L. F. D. P.* etc... donne au n° 1346 la date de 1752, peut-être par erreur. — L'édition la plus connue est de 1753.

7

1754. — *La Dévotion réconciliée avec l'Esprit.* A Montauban, 1754, in-12. (Anon.)
Quérard : nouvelle édition au bureau de la Bibliothèque catholique, 1827, in-18.
Souvent réimprimé de 1754 à 1827, entre autres à Montauban, 1755 (1).

(1) On pourrait ajouter ici à cette liste un court écrit que le P. REGNAULT (*loc. cit.,* p. 298) attribue à Le Franc de Pompignan : le *Mémoire contre les mauvais livres* qui est inséré à la suite des remontrances, dans le *Pro-*

8

1757. — *Controverse pacifique sur l'autorité de l'Eglise* ou *Lettres de M. D. C à M. l'évéque D. P. avec les réponses de ce prélat.* Paris, 1757, in-12. (Anon.)

Quérard : « Les lettres D. C. qu'on lit sur le frontispice de ce volume veulent dire des Certolz (ministre protestant), masque sous lequel s'est caché Franç. Favre, chanoine de la cathédrale de Genève. Voy. GRILLET, t. I, p. 296 ».
Ces lettres ont été écrites en 1755 et 1756.

9

1759. — *L'Incrédulité convaincue par les prophéties.* A Paris, Hérissant, 1759, trois in-12 ou un in-4. (Anon.)

10

1762. — *Lettre écrite au roi par M. l'évéque du Puy sur l'Affaire des Jésuites,* le 16 avril 1762 (sans nom de lieu), 1762, in-8.

D'après un ancien catalogue du libraire romain Silvio Bocca, la même lettre aurait été traduite en italien : *Lettera scritta al Re da Mons. Vescovo D. P. sull'affare de' Gesuiti* (senza luogo), 1762, in-12, car Bocca l'indique, à côté de l'édition française, sous un autre numéro.

11

1763. — *Instruction pastorale de M. l'évéque du Puy sur la Prétendue philosophie des incrédules modernes.* (Armes de Pompignan.) Au Puy, chez Clet, imprimeur de Mgr l'évéque ; à Lyon, chez Deville ; à Paris, chez Chaubert, quai des Augustins, 1763, in-4° de pp. 300.

Au commencement, table analytique, puis, privilège du roi.

Nouvelle édition in-12, en 2 vol., au Puy, chez Clet, 1764. En l'annonçant, les *Mémoires de Trévoux* (avril 1764), ajoutent pp. 1147-48, après s'être félicités du prompt débit de la première édition : « La nouvelle a l'avantage d'être *conforme pour le format aux différentes éditions des autres ouvrages* dont le pieux et savant prélat a enrichi l'Eglise et la littérature. »

cès-verbal de l'Assemblée du clergé de 1755, pp. 327-330. C'est à ce mémoire que MERMET fait sans doute allusion, *Hist. de Vienne*, t. III, p. 437. — MIGNE, II, 690, attribue à Pompignan un Mémoire semblable (*Ass. du clergé de 1775*).

Le *Catalogue des livres*, etc... porte au n° 906 l'indication d'une autre édition de 1765, chez Marc Michel Rey, Amsterdam, in-12.

12

1766. — *Instruction pastorale de Monseigneur l'évêque du Puy sur l'Hérésie*, pour servir de suite à celle du même prélat sur la *Prétendue philosophie des incrédules modernes*. (Armes de Pompignan.) Au Puy, chez Clet; à Lyon, chez Deville; à Paris, chez Delatour, rue Saint-Jacques, 1766, in-4° de pp. 269 (1).

Au commencement, deux tables analytiques, privilège du roi.

13

1768. — *Oraison funèbre de très haute, très puissante et très excellente princesse Marie, princesse de Pologne, reine de France et de Navarre*, prononcée à Saint-Denys le 11 du mois d'août 1768, in-4°.

Quérard dit à tort : *à Notre-Dame* de Paris.

14

1769. — *Défense des Actes du clergé de France concernant la Religion*, publiée en l'assemblée de 1765 par M. l'évêque du Puy. A Louvain, 1769, in-4°.

Quérard : « C'est une réponse au réquisitoire violent de M. Le Blanc de Castillon, avocat général à Aix ».
Table en VIII pp. Texte de pp. 476, avec Errata.

15

1772. — *La Religion vengée de l'Incrédulité par l'Incrédulité elle-même.* Paris, Humblot, 1772, in-12 de pp. 357. Imprimerie Delatour.

Table et Errata au début de l'ouvrage; à la fin, approbation et privilège du roi.

---

(1) *La Société agric. et scientif.* du Puy indique, dans une Bibliographie de la Haute-Loire, une *Lettre de M*** à M. l'Ev. du Puy au sujet de son Instr. past. sur l'Hérésie*. En France, 1766, in-12 de pp. 72. — Cf. *Nouvelles ecclésiastiques*, 1776, p. 154 : « On publia dans le temps une petite lettre qui relevait très bien les paralogismes de cette Instruction (l'*Hérésie*) et que le prélat laissa prudemment sans réponse... » Ce passage laisse assez deviner l'origine janséniste de la *Lettre de M****.

Le *Catalogue des livres*, etc... déjà cité, porte au n° 988 l'indication d'une traduction italienne du même ouvrage sous ce titre : *La religione vindicata e distesa colle armi steste della incredulità*, opera di Mgr Lefranc de Pompignan, Rome, in-12, 1773.

16

1775. — *Avertissement de l'Assemblée générale du clergé de France sur les avantages de la religion et sur les effets pernicieux de l'incrédulité*. A Paris, Guillaume Desprez, 1775, in-4° et in-12.

17

1781. — *Mandement de Mgr l'archevêque et comte de Vienne* touchant l'édition annoncée des œuvres du Sieur de Voltaire. Vienne, 1781, Védeilhié, impr., in-4°.

Ce mandement, devenu rare, est daté du 31 mai 1781. Bengesco, dans sa *Bibliog. de Voltaire*, IV, donne aussi, p. 116, en note, les indications : S. l. (Malines), in-8° de 8 pp. De cette édition, M. H. de Terrebasse possède un exemplaire : il porte à la p. 8 : A Malines, de l'Imprimerie de P. J. Hanicq.

18

1781. — *Mandement de Mgr l'archevêque et comte de Vienne portant défense de lire dans son diocèse les œuvres de J.-J. Rousseau, l'Hist. polit. et philos. des établissements, etc. dans les deux Indes*, par le sieur Raynal. Vienne, août 1781, Védeilhié, impr., in-4°.

N.-B. — Ces deux mandements furent réimprimés à Amiens vers la fin de 1781. Cf. *Appendice B*.

19

1788. — *Lettre de Mgr l'arch. de Vienne aux curés de la partie de son diocèse qui est en Vivarais, au sujet d'un écrit sous le nom de Catéchisme à l'usage des jeunes gens de toutes les communions chrétiennes*. A Lyon, chez Tournachon-Molin, grande rue Mercière, 1788, broch. de pp. 35.

Ouvrages publiés après la mort du prélat.

(Les manuscrits de ces ouvrages se trouvent à la Bibliothèque
de Saint-Sulpice.)

20

1774-1783 ? — *Lettres à un évêque sur divers points de
morale et de discipline concernant l'épiscopat* (1). Publié par
M. EMERY (s. n. d'éditeur), Paris, 1802, Société typog., 2 vol.
in-8.

Quérard : « Ces lettres sont adressées à M. Defrétat (de Frétat) de Sarra, év. de Nantes... Elles sont précédées d'un *Discours*
de l'éditeur qui renferme .....des détails intéressants sur la vie
de ce prélat (Pompignan) qui occupe une place importante dans
l'histoire ecclésiastique du XVIIIe siècle. »
Le *Discours préliminaire* qui précède les Lettres a été tiré à
part (LX pp.).

21

1783-1788? — *Traité dogmatique et moral sur la Fin du
monde, le Jugement dernier et la Résurrection des morts.*
Publié dans l'édition de MIGNE, t. I, 1885.
Ces deux derniers ouvrages (n°s 20 et 21) avaient été remis à
M. Dupinet, chanoine de Notre-Dame, par M. l'abbé Pichot,
légataire universel et exécuteur testamentaire de feu Mgr de
Pompignan, archevêque de Vienne. *(B. S. S.,* note de l'abbé
Dupinet.)

N. B. — I. — Il faudrait ajouter à cette énumération un
Traité considérable sur les Jésuites dont nous avons parlé plus
haut dans une note. L'abbé Pichot dit qu'il a été brûlé par le
prélat quelque temps avant sa mort. *(B. S. S.,* lettre à M. Émery
du 14 mars 1802.)

II. — Il va sans dire que nous ne comprenons pas dans cette
liste un pamphlet publié sous le nom du prélat, avec ce titre :
Le lever de Báville, drame héroïque en trois actes en prose, par
messire J. G. L. F. de P., etc.... — Rédigé par l'auteur de la
Cour plénière, à Rome, chez Barberini, imprimeur de S. E. le
cardinal de Brienne, in-12 de pp. 55 (2).

(1) M. Dupinet, dans une note conservée à la bibliothèque de Saint-Sulpice, dit que la composition de ces *Lettres* commença en 1786 et dura
jusqu'en 1790. M. Émery, qui connaissait cependant cette note, affirme que
les lettres ont été « réellement écrites » à M. de Sarra (par conséquent avant
1783, date de la mort de ce prélat).
(2) On peut ranger ce pamphlet dans la catégorie de ceux que provo-
quèrent les mesures financières prises par Brienne et Lamoignon. M. l'abbé
Varnoux nous a communiqué une plaquette in-12 de pp. 12, intitulée :

22

Mgr de Pompignan, au témoignage de ses amis, s'occupait de réviser ses ouvrages et d'en préparer une édition complète. Il ne l'a pas donnée. Mais, en 1855, l'abbé MIGNE a publié les :

Œuvres complètes de Jean-Georges Le Franc de Pompignan, archevêque de Vienne, réunies pour la première fois en une seule collection, etc..., augmentées d'un grand nombre d'opuscules inédits, principalement d'un *Traité sur le Jugement dernier et la Résurrection des morts,* etc..., suivies des *Œuvres religieuses* de J.-J. Le Franc marquis de Pompignan, son frère, etc..., 2 vol. in-4° de 1304 et 1500 colonnes, Paris, 1855.

Cette édition contient, outre les œuvres d'apologétique et les œuvres pastorales, la plupart des travaux que Mgr de Pompignan a exécutés pour l'Assemblée du clergé (1), et un certain nombre de documents qui proviennent de lui, comme homme politique : Discours à l'Assemblée des trois ordres de Dauphiné, Réponse au duc de Clermont-Tonnerre, commissaire du roi aux Etats provinciaux du Dauphiné, Lettres à M. Necker, Discours prononcés aux Etats généraux de 1789 (d'après les Mémoires et les recueils ou collections contemporaines).

La table des matières est curieusement ordonnée sous les rubriques : théologie philosophique, dogmatique, apologétique, polémique, morale, ascétique, canonique, pastorale, exégétique, parénétique, sociale. — De fait, les divers ouvrages de ,P. sont répartis avec quelque confusion dans cette table, qui est, d'ailleurs, inexacte en plusieurs endroits, notamment col. 1297, 1298, 1301.

Lettre de M. Blanchard, magister du village de Moivieux à Mgr J.-G. Le Franc de P., arch. de Vienne, où le prélat est vivement pris à partie pour un mandement favorable à ces mesures et intitulé : *Lettre past. de Mgr l'arch. de Vienne aux curés de son diocèse,* in-8 de 8 pp., à laquelle est jointe parfois la *Lettre de Mgr l'arch. de Sens, ministre principal, à Mgr l'arch. de Vienne, du 7 juillet 1788* (in-8 de 10 pp., Védeilhé, 1788). — La *Lettre de M. Blanchard* est attribuée par E. MAIGNIEN à M. MEYER fils, avocat consistorial (*Bibliog. hist. du Dauphiné,* etc..., I, n° 187). Au même auteur, il faudrait, nous semble-t-il, attribuer la *Lettre écrite par le châtelain de *** à Mgr de Vienne,* 6 août 1788, in-8 de 4 pp. — La *Lettre à Mgr l'arch. de Vienne par un curé de son diocèse* (S. l. n. n. n. d.) est due à HÉLAU, avocat consistorial. — Quant à l'auteur du *Lever de Báville,* c'est le même que celui d'un autre pamphlet, *La Cour plénière,* héroï-tragi-comédie, par l'abbé DE VERMOND, pseudonyme du Baron DUVEYRIER.
(1) La bibliothèque de Mgr de Pompignan était fort riche en documents imprimés et manuscrits de tous genres sur ces Assemblées (Cf. le *Catalogue* cité, n°s 1357-1430 environ).

APPENDICE B

Les papiers de la Bibliothèque de Saint-Sulpice.

(*Analyses et extraits*).

Dossier Dupinet (1).

PREMIER DOSSIER : *Pièces relatives aux derniers sentiments du marquis de Pompignan.* (Il n'y est question qu'incidemment de l'archevêque de Vienne.)

DEUXIÈME DOSSIER : *Correspondance de Mgr de Pompignan avec l'abbé Dupinet :*

1755-1761. *Diverses lettres datées du Puy* (sans grande importance) : au sujet d'un achat de livres et du procès de M. de la Brosse (4 mars ...?) ; au sujet d'un accident qui faillit lui arriver (11 oct. 1760); au sujet de deux communautés religieuses de son diocèse à qui il voulait obtenir des lettres patentes pour recevoir les novices (janvier à mars 1761).

Depuis l'année 1774. *Lettre datée de Vienne,* 10 janvier 1779 : «... L'affaire des protestants a été remise plutôt que rompue : Dieu veuille que dans quelques années on ne la reprenne avec plus de succès. Leur nombre ne passe pas *mille* dans le diocèse de Vienne, et dans celui du Puy, c'est beaucoup s'il va jusqu'à *cinq mille*. Les millions ne coûtent rien à écrire ou à prononcer, mais je suis persuadé qu'avec un calcul exact et sincère on ne trouverait pas un million de protestants en France.

Les bruits qui avaient couru touchant les Chartreux et les Capucins de Paris m'avaient alarmé. Si les premiers en sont quittes pour la cession de huit à dix hôtels qui bordent le

---

(1) On lit aussi : du Pinet, dans quelques documents, par exemple dans le *Catalogue des entrées à Saint-Sulpice,* où se trouve la note suivante : « Joannes Jacobus Baillard du Pinet, clericus lugdunensis, canonicus aniciensis, natus die 25ᵃ mensis februarii 1723, admissus in Seminario die 19ᵃ mensis octobris 1741. » — Il fut docteur de Sorbonne le 27 mai 1748. Après avoir été vicaire général du Puy, il devint chanoine de Notre-Dame à Paris. Très pieux et très érudit, il semble avoir eu la confiance de Christophe de Beaumont dans plus d'une circonstance. Les *Nouvelles Ecclésiastiques* (24 juillet 1771) le qualifient de « chanoine des plus zélés pour la Bulle, pour le schisme et pour tout ce qu'on appelle Jésuitisme ».

Luxembourg, sans doute qu'on les dédommagera de cette perte. Mais qui peut répondre de la solidité de ce dédommagement? Il est pourtant heureux qu'on leur laisse l'habitation tranquille de leur maison et de leur enclos. Quant aux Cordeliers, je sçavais déjà leur transmigration aux Célestins contre le gré de M. l'archévêque de Paris. Je n'ai pas cru devoir disposer sans moi (?) des biens appartenant aux Célestins du Colombier, lesquels s'étaient refusés à toute espèce de réforme, même la plus mitigée, et dont la dépouille était convoitée par des personnes assez puissantes pour me faire craindre qu'elle ne fût appliquée à des usages purement profanes. En conséquence, et dans le désespoir de conserver cet ordre, j'ai demandé un bref semblable à ceux qui avaient déjà été expédiés pour plusieurs maisons de Célestins. Ce bref revêtu de lettres patentes düement enregistrées assure du moins à des biens sacrés une destination ecclésiastique et relative au culte de Dieu.

Je vous serai très obligé de m'addresser le manuscript sur la mort de Voltaire ou par M. l'abbé Duvet, ou par telle autre commodité sûre dont vous me préviendrez pour la ville de Lion. Je suis toujours avec etc... »

Lettre datée de Saint-Vallier en Dauphiné, 19 avril [1781] :
« C'est dans le cours d'une visite commencée, Monsieur, que je réponds à la dernière lettre que vous m'avez fait l'honneur de m'écrire. Il y a aparence que l'ouvrage précieux que vous m'annoncez, parviendra à Vienne, avant que j'y sois de retour. Mon absence durera jusque vers le milieu de juin. Je vous veux mille grâces, ainsy qu'à M. l'évêque d'Amiens (1). Tout ce qui rappelle l'esprit de son illustre et sainct prédécesseur a les droits les plus forts sur ma curiosité et sur mon respect. Vous connaissez le fidèle attachement que je vous ai voué. C'est avec ces sentiments etc... »

1781. — *Lettre du 16 mai à M. Dupinet,* alors chanoine de Paris, le priant de féliciter l'évêque d'Amiens du mandement qu'il vient de publier.

Lettre du 30 mai au même, annonçant qu'il écrit un mandement semblable sur les livres impiés : «... Je ne suis pas tout à fait dans les mêmes conditions [que l'évêque d'Amiens]. Cependant ce qu'il y a de plus fort dans les motifs qui l'ont déterminé subsiste pour tous les prélats. En conséquence, je travaille à un mandement semblable, il paraîtra bientôt. Si vous en désirez des exemplaires, je vous en adresserai sous une enveloppe privilégiée. Assurez-vous de celle de M. le garde des sceaux de Machault, et demandez lui s'il trouverait bon que, par trois ou

(1) Louis-Charles de Machaut, qui succéda à Mgr de la Motte sur le siège d'Amiens, en 1774.

quatre envois successifs, je vous en fîsse parvenir sous son nom
une douzaine d'exemplaires, dont je le supplierais en ce cas
d'accepter un et de donner l'autre à Mgr l'évêque d'Amiens son
fils..... M. Necker a succombé aux intrigues d'un pays qu'il connaissait beaucoup moins que ses adversaires et dans lesquels il
n'y a jamais de parfaite stabilité, même pour les plus habiles.
Nouvelle leçon, mais aussi infructueuse que les précédentes,
pour ceux qui y cherchent leur bonheur. Dieu veuille que cette
résolution n'apporte aucun dérangement dans nos finances ni
dans l'état de nos affaires ! »

Lettre du 13 juin 1781 à M. Dupinet. — L'archevêque
annonce l'envoi de douze exemplaires à l'adresse de M. de
Machault et de M. Dufour, intendant de Bourges. Ils devront
être distribués ainsi : deux pour M. de Machault et l'évêque
d'Amiens, son fils ; un pour l'archevêque de Paris, deux pour la
Sorbonne, deux pour Saint-Sulpice, un pour M. Séguier, avocat
général, comme tribut dû à son zèle, un pour M. Dufour, deux
pour M. Dupinet.

(A cette lettre est jointe une *Note* de M. Dupinet indiquant
qu'il a reçu quatre exemplaires de M. Dufour et les a distribués
à l'archevêque de Paris, au cardinal de Frankenberg, archevêque de Malines, à M. le président de Fleury, à Mme de Pompignan. — Les quatre exemplaires qu'il reçoit le 20 juin de
M. de Machault sont envoyés à M. Séguier, à l'abbé de Fon-
tenay, à M. Riballier, syndic, à M. du Fernay. — Puis il a
envoyé d'autres exemplaires à la Sorbonne, à Saint-Sulpice, à
Saint-Lazare, aux Chartreux.)

Lettre du 7 juillet au même. — L'archevêque va envoyer
douze exemplaires à l'adresse de M. de Juvigné. Il ajoute :
« Vous m'aviez dit qu'il s'agissait aussi d'une édition complète
des œuvres de J.-J.-Rousseau. Marquez-moi, je vous prie, si ce
projet est suivi et si on a déjà publié dans la capitale ou ailleurs
le prospectus de cette édition, avec invitation d'y souscrire. »

Lettre du 11 juillet au même. — Il annonce l'envoi de dix-huit
exemplaires à Madame Louise de France, et dit : « Je ne saurais
encore digérer la lettre de M. le garde des sceaux au syndic de
notre faculté. »

Lettre du 26 août au même. — Il annonce l'envoi de douze
exemplaires (probablement du second mandement) à l'adresse
de M. de Juvigné (un exemplaire sera réservé à la marquise
de Créqui). « J'ai vu avec surprise que la gazette d'Utrecht,
toute dévouée aux mécréants, grande admiratrice des héros de
cette secte, ait commencé d'imprimer avec éloge mon mandement contre Voltaire... Mais je doute fort que la même gazette
transcrive aussi mon second mandement... L'indignation et le
mépris que j'y témoigne pour la personne d'un prêtre apostat

déclaré du christianisme autant que du sacerdoce, ne cadrent pas avec les louanges qu'elle prodigue au sieur Raynal qu'elle prétend laver de l'opprobre dont il est flétri, en opposant les procédés de l'empereur et du prince Henri à l'arrêt du Parlement de Paris... »

Lettre du 3 septembre au même. — Inquiétude au sujet des exemplaires envoyés à M. Rigollai de Juvigné (1) : il joint à sa lettre une note qui pourra être montrée au lieutenant de police. Il y énumère les personnes à qui il envoyait, par M. Dupinet, les vingt-quatre exemplaires du mandement sur J.-J. Rousseau et Raynal : ce sont les destinataires habituels. Il y a toutefois deux exemplaires pour le nonce, et aussi deux exemplaires du mandement sur Voltaire. « M. l'archevêque de Vienne sera très obligé à M. le nonce si, en acceptant cet hommage de sa part, il veut bien mettre un exemplaire de chacun de ces mandements aux pieds de Sa Sainteté (2). »

TROISIÈME DOSSIER. — (Nous mettons à part quelques lettres antérieures ou postérieures aux précédentes qui ont trait à la réimpression à Paris du mandement sur Voltaire. Il y est évidemment question d'autres sujets intéressants.)

Lettre de l'archevêque à M. Dupinet, 1er août 1781. — Il se plaint de l'attitude des pouvoirs civils vis-à-vis de la religion, déclare que l'Eglise « souffre une persécution inouïe », qu'elle en triomphera, mais que Dieu, en attendant, nous laisse « pour partage, pendant ce qui nous reste de jours à vivre, la douleur et les gémissements ». — Il annonce qu'il a achevé un second mandement sur J.-J. Rousseau et Raynal ; qu'une compagnie de Paris « qui se nomme François de Pontcharraux le Romain et compagnie », lui a demandé la permission de réimprimer son mandement sur Voltaire, comme elle avait imprimé celui de M. d'Amiens. Il prie M. Dupinet de transmettre son autorisation à cette compagnie.

Lettre de l'imprimeur François de Pontcharraux (rue Simon Lefranc, à Paris) *à M. Dupinet,* 30 août 1781. — Il le prévient des difficultés qu'on lui fait pour la réimpression du mandement, lui indique les démarches à faire, et le prie d'écrire lui-même au lieutenant de police. « Observez, s'il vous plaît, que le mandement de Mgr l'évêque d'Amiens n'a pas éprouvé les mêmes difficultés, comme il est facile de le voir. »

---

(1) Probablement il faut lire : Rigoley de Juvigny, littérateur bourguignon, ennemi des philosophes, mort en 1788.

(2) A ce dossier, il faut joindre une lettre du supérieur des Lazaristes (6 juillet 1781) remerciant de l'envoi d'un exemplaire. Il souhaite « que les autres évêques suivent l'exemple des deux prélats qui, sans respect humain, donnent des preuves de leur zèle et de leur amour pour la religion ».

Copie de la lettre adressée, le 31 août, par M. Dupinet à M. Lenoir, lieutenant de police, pour solliciter la permission qu'on refuse à l'imprimeur et déclarer que la réimpression se fait « du consentement du prélat ». — « C'est moi-même qui ai reçu la lettre qui contient ce consentement, et je suis prêt à vous la communiquer personnellement quand vous voudrez bien me donner un rendez-vous. — Je me flatte, Monsieur, que le témoignage que je rends à M. de Pontcharraux va lever l'obstacle qu'il éprouve. Le public attend avec empressement des mandements de M. de Vienne, et c'est bien la moindre satisfaction que l'on puisse donner aux défenseurs naturels de la religion et des mœurs, que la liberté d'élever leurs voix dans le moment d'un scandale aussi révoltant : scandale qui résulte... des encouragements de toute espèce donnés à l'édition d'un auteur ennemi de la personne de Jésus-Christ et des bonnes mœurs. »

Lettre du lieutenant de police Lenoir à M. Dupinet. — « J'ai dû prendre, Monsieur, les ordres de M. le garde des sceaux touchant la permission qui m'a été demandée... et, d'après ses intentions, j'ai fait dire à l'imprimeur... que, le mandement ayant été imprimé à Vienne, il pouvait y être réimprimé ; qu'il n'était pas d'usage de faire réimprimer à Paris de semblables ouvrages qui l'avaient été ailleurs, où il n'était besoin que de la permission de M. l'archevêque du diocèse. Je suis, Monsieur, etc... »

Lettre de l'archevêque à M. Dupinet, 1er septembre 1781. — Plaintes de l'archevêque au sujet de la décision du lieutenant de police dont il renvoie la lettre à M. Dupinet. « C'est une preuve littérale d'un dessein dont nous ne pouvons trop gémir ; mais ce n'est pas la première pour moi ; ainsi je n'en suis pas surpris, quoique le fond de la chose et le frivole prétexte dont on a voulu le couvrir vous paraissent, avec raison, étranges... »
Les exemplaires lui manquent, et il ne peut plus en envoyer à Dupinet. « J'avais pris la liberté, sur votre indication, d'en adresser dix-huit exemplaires à Madame Louise. Je n'ai reçu aucune réponse, elle ne m'en devait point. La seule inquiétude que j'aie à ce sujet, c'est qu'elle n'ait trouvé dans l'envoi immédiat à son adresse, ou dans ma lettre même, quelque chose de moins conforme qu'il ne le fallait au profond respect dont j'ose dire que je suis pénétré pour elle autant que personne au monde. »
L'archevêque fait ensuite l'éloge de M. Séguier qui a déclaré la guerre à la secte encyclopédique, « ne déguisant point ce qu'il y avait à craindre d'un parti aussi puissant et aussi vindicatif ». Le prélat ajoute : « Ce zèle renouvelé contre l'ouvrage de Raynal m'avait paru mériter éloge et encouragement. Dans cette vue, je lui écrivis, après avoir reçu son réquisitoire, pour le féliciter. Il n'a pas jugé à propos de me répondre depuis deux mois. Je n'approfondis pas les motifs de ce silence dont je ne m'afflige point. La cause de la religion, lorsqu'on est assez heureux pour

la soutenir, est bien au-dessus des minuties de l'amour-propre, mais il a bien fallu vous apprendre pourquoi le nom de M. Séguier a été omis dans la liste que je vous ai adressée. D'ailleurs, je vous prie instamment... de ne faire part à qui que ce soit de ce que je vous marque à ce sujet, car n'ayant pas, dans le vrai, la petitesse de me fâcher et de me plaindre, je serais très fâché qu'on me l'attribuât. »

Lettre de l'archevêque à M. Dupinet, 19 septembre 1781. — Il prévient M. Dupinet qu'en présence du refus du garde des sceaux de laisser réimprimer le mandement à Paris, on a adopté une autre combinaison : les deux mandements seront réimprimés à Vienne par l'imprimeur de l'archevêque et seront débités à Paris par M. de Pontcharraux le Romain. Celui-ci y est sans doute autorisé et « cela est assez conforme au dernier article de la lettre de M. Lenoir ». — Le prélat veillera de son côté « non pas sur l'élégance de cette nouvelle édition, car il n'est pas possible d'attendre quelque chose de mieux en ce genre de l'imprimeur de Vienne, mais sur la correction et l'exactitude ». Il ajoute : « Faites-moi le plaisir d'instruire de tout ceci mon frère, arrivé depuis peu de jours à Paris. C'est de quoi le consoler du refus de M. le garde des sceaux ; si le nouveau projet réussit, il équivaudra au consentement refusé. »

Lettre de l'archevêque à M. Dupinet, 3 octobre 1781. — « J'ai reçu de Madame Louise la lettre la plus flatteuse. Je dois me féliciter du contre-temps qui l'avait retardée. Je lui ai adressé tout de suite trois exemplaires, les seuls qui me restaient de mon second mandement. »

L'archevêque explique ensuite que des difficultés ont surgi entre le sr de Pontcharraux et l'imprimeur de Vienne : la réimpression pourra-t-elle se faire ? L'imprimeur viennois veut de l'argent comptant, non des échanges qui « ne s'accordent pas avec un commerce aussi mesquin que celui de Vienne ». — « J'ai approuvé ces raisons et j'écris aujourd'hui au sr de Pontcharraux que, s'il veut traiter avec mon imprimeur, il faut mettre de l'argent à la place des denrées typographiques. D'ailleurs je vois tout comme vous l'inconvénient terrible de la distribution de pareilles denrées dans nos provinces. Il en vient peu de bonnes de Paris, la foule est d'écrits obscènes ou impies, nous en avons la preuve tous les jours... » — L'archevêque ajoute : « Le comble du scandale est qu'un libraire singulièrement protégé annonce et ouvre publiquement une boutique de poisons contre la religion et contre les mœurs. M. l'arch. de Paris en aura parlé inutilement au Roy, quoiqu'il ait dû le faire et qu'on doive l'en remercier. Toute la ressource de l'épiscopat, etc... [Le reste a été cité au cours de la conférence, p. 85.]

Enfin, une *Lettre de l'archevêque à M. Dupinet*, 25 janvier 1782, contenant une appréciation favorable de Mgr de Juigné qui venait de succéder à Christophe de Beaumont, comme archevêque de Paris. — « Je ne suis pas surpris, Monsieur, que le prélat destiné pour l'archevêché de Paris, satisfasse par son maintien et par ses discours tous ceux qui l'approchent. Ce premier succès n'est pas toujours décisif, mais comme il a des qualités essentielles qui ne peuvent que gagner à être mieux connues, il y a tout lieu d'espérer qu'il réunira sinon tous les suffrages, ce qui est impossible, ce qui même n'est pas désirable, du moins le grand nombre et particulièrement ceux des personnes sensées, équitables et vertueuses. Au reste, qui peut répondre des événements dans un temps comme celui-ci ! Mais s'il en survient d'orageux qu'une prudence chrétienne ne puisse prévenir ou détourner, et s'il les soutient avec la fermeté de son prédécesseur, il n'en acquerra que plus de gloire et n'en sera que plus utile à l'Eglise. »

L'archevêque se plaint ensuite que l'édition de ses deux mandements à Amiens, a été dirigée « par un homme dépourvu tout à la fois de goût et de finance ; une citation de Mérope surtout est très défectueuse ». — Il parle alors d'un poème philosophique dont M. Dupinet lui avait demandé la réfutation : ce n'est, dit-il, qu'une copie en mauvais vers du *Système de la Nature;* ces vers ne méritent pas une nouvelle réponse. Ils confirment seulement la démonstration qu'il a donnée jadis « que le premier pas qu'on fait dans la carrière de l'incrédulité conduit de proche en proche, si l'on veut être conséquent, jusqu'à l'impiété la plus outrée, et enfin jusqu'au pyrrhonisme, le délire de l'esprit humain. La plupart de nos prétendus philosophes veulent se défendre de ces excès, l'athéisme du *Système de la Nature* et du versificateur son copiste, leur ferme la bouche... C'est une observation qu'il ne faut pas oublier sur les derniers vers attribués à Voltaire, dans lesquels il place Achille, un prince souillé de tant de vices et de tant de crimes, au pied du trône de la divinité qu'il fait encore profession de reconnaître ».

Fonds Emery-Dupinet.

Pièces relatives à M. de Pompignan, archevêque de Vienne.

1° *Note* de l'abbé Dupinet relative à la remise de deux manuscrits de l'archevêque :

Paris, 7 janvier 1791.

« M. l'abbé Pichot, légataire universel et exécuteur testamentaire de feu Mgr de Pompignan, archevêque de Vienne, décédé le 29 décembre 1790 m'a remis deux manuscrits autographes de ce prélat, l'un intitulé *Traité dogmatique et morale de la fin du monde, de la résurrection générale et du jugement dernier ;* l'autre composé de huit *Lettres aux évêques sur divers points de discipline et de morale concernant l'épiscopat.* Ces deux ouvrages ont été composés à Vienne, le premier depuis l'année 1783 ou 1784, et les lettres ont été faites tout de suite vers 1786 à son retour de l'assemblée jusqu'à 1790. Qu'elles ont été achevées à Paris, c'est l'opinion de M. l'abbé Pichot. L'intention de M. l'abbé Pichot, propriétaire de ces manuscrits, guidé par l'amour de la religion et la gloire du prélat, est qu'ils doivent être publiés par l'impression quand M. l'abbé Dupinet à qui il les remet sans aucune condition jugera convenable de les publier. »

[En marge, indications biographiques sans importance. A noter que le testament du prélat (21 oct. 1790) a été « reçu par M. Frutat, notaire, rue Condé, n° 15, à Paris »].

2° Une lettre sans adresse ni signature, probablement de M. Emery au chanoine Dupinet pour lui envoyer la transcription de l'ouvrage de l'archevêque, avec les corrections et les changements qu'il avait cru devoir y faire avant la publication. Il soumet son travail à son correspondant.

3° Une *Lettre adressée du Puy*, mars 1802, *par l'abbé Pouderoux*, à qui M. Emery avait demandé des renseignements sur l'ancien évêque du Puy en vue de la publication de ses œuvres. Eloge du prélat mais sans détails. Renvoie M. Emery à M. Pichot, secrétaire de l'archevêque et son exécuteur testamentaire. .

4° *Lettre adressée à M. Emery par l'abbé Mazard*, ancien vicaire général de Lefranc de Pompignan (1).

Monistrol, 10 mars 1802.

« M. Séb. Pouderoux qui m'a transcrit la lettre que vous lui avez écrite au sujet de M. de Pompignan m'invite à me procurer l'honneur de vous adresser la présente. Les bontés dont ce respectable prélat m'a honoré pendant seize ans que j'ai resté avec lui et chez lui, m'ont donné le temps d'admirer ses vertus et ne me laissent que le regret de ne pas l'avoir pris pour modèle. Sa conduite régulière et édifiante d'un jour a été celle de toute sa vie et personne n'ignore qu'il ne s'était jamais départi de la règle qu'il s'était prescrit, qui était celle d'un zélé et fervent séminariste. Il partageait son temps entre la prière et l'étude, il ne se permettait que quelques heures de récréation qu'il passait à la promenade ou à des jeux de pur délassement. Les vertus que j'ai eu le plus souvent occasion d'admirer en lui étaient la bonté, la douceur et la patience qui le rendaient l'émule de saint François de Sales. Rien ne troublait sous ce rapport la tranquillité de son âme. Sa charité envers les pauvres était immense : il employait à l'entretien de sa maison à peu

____

(1) On lit aussi Mazard. — Mais il s'agit probablement ici de M. Jourda de Mazard dont le nom est mentionné, avec le titre de vicaire général de Vienne, soit par la *France ecclésiastique* de 1783, soit par l'*Almanach du Viennois* de 1784.

près le tiers de ses revenus. Le surplus était versé dans le sein des pauvres par des aumônes connues et par un plus grand nombre dont il se réservait la connaissance. Malgré l'attrait bien prononcé qu'il avait pour la vie sédentaire et du cabinet, il prenait connaissance de tous les détails de l'administration spirituelle et même temporelle de son diocèse, soit dans un conseil qu'il rassemblait régulièrement toutes les semaines, soit par les rapports particuliers qu'il avait avec ses secondaires, soit en visitant lui-même son diocèse qu'il avait parcouru trois fois en seize ans. Des censeurs du vrai mérite et de la vertu lui ont reproché de la morgue et de la hauteur parce qu'il l'ont jugé sur l'étiquette. M. de Pompignan était naturellement timide et même timide au-delà de l'expression. Son premier abord était froid et même quelquefois glacé envers ceux qu'il ne connaissait pas, mais il attirait bientôt la confiance, et quand on traitait d'affaires avec lui, on se retirait toujours satisfait, même lorsque son devoir l'obligeait à des refus. Je ne vous dis rien, Monsieur, de son érudition et de ses vastes connaissances que vous êtes bien plus en état d'apprécier que moi. J'ai toujours pensé néanmoins que son commerce ininterrompu avec les morts ne lui avait pas assez fait connaître les vivants que sa belle âme jugeait toujours favorablement. Et c'est à quoi j'attribue certains écarts qu'on reproche à sa mémoire pendant les deux dernières années de sa vie. Quant à moi, j'ai dit et je dirai toujours que ses intentions étaient pures et que sa candeur ne pouvait qu'être dupe au milieu d'un monde qu'il ne connaissait pas et du tourbillon dans lequel il s'est malheureusement enveloppé à la fin de sa carrière. La mémoire ne me fournit aucun de ces traits saillants et marqués qui font époque dans la vie des hommes de mérite. Je dois même ajouter à sa louange que sa modestie autant que son caractère lui aurait fait éviter tout ce qui ressemblait à l'ostentation et pouvait donner de l'éclat. Indépendamment de l'ouvrage sur les devoirs de l'épiscopat qu'on se propose de rendre public, M. de Pompignan avait exercé sa plume sur divers sujets de piété qu'il tenait renfermés dans son portefeuille. On m'a dit, mais je ne l'assure pas, que M. l'abbé de Grésolles, se trouvant à Paris en 1790, en était devenu le dépositaire : il serait à souhaiter pour l'instruction et l'édification des fidèles qu'on pût les rassembler pour faire du tout une seule et même édition. M. Pichot qui est domicilié à Vienne chez Mlle Chapart ne l'a pas quitté jusqu'à sa mort. Je suis avec respect, etc... »

5° Deux longues *Lettres adressées à M. Emery* par l'abbé Pichot, demeurant à Vienne, rue de la montée du Collège.

Vienne, 8 mars 1802.

« M. l'archevêque de Vienne, Monsieur, vient de me faire passer un extrait de votre lettre du 24 février 1802 contenant deux articles. Le premier consiste au projet que vous avez de faire imprimer un manuscrit en forme de Lettres écrites à un évêque sur les devoirs de l'épiscopat. J'avais moi-même remis cet ouvrage à M. l'abbé Dupinet, chanoine de Notre-Dame. Ce n'était pas le seul. Je lui en avais remis un second avec un petit portrait ; il était convenu que ces deux ouvrages seraient imprimés, je cédai cette propriété en me réservant six exemplaires honnêtement reliés qu'on me ferait tenir à Vienne, lieu de ma résidence. Je réclame cette réserve et je vous prie d'en faire mention aux conditions que vous ferez avec l'imprimeur. Les différents ouvrages de M. de Pompignan, archevêque de Vienne et ci-devant évêque du Puy, sont intitulés :

1° Questions diverses sur l'incrédulité, 1 vol. in-12 ;

2° Dévotion réconciliée avec l'esprit, 1 vol. in-12 ;

3° Le véritable usage de l'autorité séculière ;

4° Instruction pastorale aux nouveaux convertis de son diocèse ;

5° Controverse pacifique sur l'autorité de l'Eglise, 1 vol in-12 ;

6° L'incrédulité convaincue par les prophéties, 3 vol. in-12 ;

7° Défense des actes du clergé de France concernant la religion publiée en l'assemblée de 1765.

Le dernier ouvrage a été imprimé à Louvain ; on trouve tous les autres chez Chaubert, libraire, quai des Augustins.

Les informations que vous demandez sur le genre de mort de M. de Pompignan, archevêque de Vienne, me surprennent assez, et surtout de penser qu'il eût pris dans la Révolution un parti autre que celui de son attachement sincère pour la religion et pour le roi. Si le chagrin, etc... »

(Le reste de cette importante lettre a été cité plus haut, au cours de la conférence, pages 95-97).

Vienne, 14 mars 1802.

« Monsieur, je reçois dans le moment, par le courrier, la lettre que vous m'avez fait l'honneur de m'écrire le 8 du courant, qui s'est croisée avec ma réponse à la note que M. l'archevêque de Vienne eut la bonté de m'envoyer de votre part. J'approuve et applaudis de nouveau le parti que vous avez pris de faire imprimer les manuscrits qui vous ont été remis par feu M. Dupinet et par son exécuteur testamentaire ; je désire qu'ils produisent les meilleurs effets pour la religion. Je vous remercie de ce que vous avez bien voulu vous souvenir de moi dans les conventions passées avec l'imprimeur. Je vous ai donné, dans ma précédente, la liste des ouvrages de M. de Pompignan, vous pouvez y ajouter un vol. in-12 intitulé : *L'Incrédulité vengée par l'Incrédulité même*. Tous ses ouvrages datent de son épiscopat au Puy pendant trente-deux ans. A l'assemblée de 1775, où il assista comme archevêque de Vienne, il fit un ouvrage dont je ne me souviens pas du titre (cet ouvrage m'ayant été pris pendant mon absence). Ses sermons, ses homélies et autres écrits semblables ont été remis à M. l'abbé de Grésolles (1), un de ses grands vicaires actuellement à Rome. Quant à ses vertus professionnelles, elles sont assez connues. Son zèle pour son devoir était infatigable. Une résidence soutenue dans son diocèse, des visites fréquentes dans les paroisses. Il présidait ordinairement aux examens pour admettre aux ordres. Il prêchait souvent dans son église paroissiale. Il était très généreux dans ses abondantes aumônes. La moitié de son revenu était employé à cette bonne œuvre, j'en ai été moi-même le distributeur dans le temps de son épiscopat à Vienne. J'ai été aussi témoin de celles qu'il faisait au Puy, surtout les trois dernières années, où j'avais l'honneur d'être son aumônier. Son entretien était simple, le drap pour l'hiver et le camelot pour l'été. Sa table était frugale, mais les jours de représentation étaient marqués au coin de la générosité sans ostentation, d'ailleurs ne s'en mêlant que très peu. Il avait une piété très tendre et uniforme, un caractère fort égal, quoique vif; il célébrait le saint sacrifice de la messe tous les jours. Tous les soirs, il assemblait toute sa maison et il faisait lui-même la prière; son aumônier était chargé de celle du matin. Il avait l'esprit conciliateur, et il s'en servait pour ramener la paix dans les familles divisées. Je ne vous rappellerai pas ici, etc... »

(Le reste de cette lettre a été cité plus haut au cours de la conférence, page 98).

P. S. — « M. de Pompignan s'occupait, quelque temps avant sa mort, à corriger une partie de ses ouvrages pour en faire une collection complète. Peu de temps avant sa mort et dans le courant de sa maladie, il brûla un manuscrit assez volumineux concernant les jésuites. Je ne doute point que cet ouvrage n'ait été utile dans les circonstances. »

(1) M. de Grésolles se trouve sur la liste des vicaires généraux de Vienne dans *La France ecclésiastique pour l'année 1783*.

TABLE DES MATIÈRES

Lyon. — Imp. Em. VITTE, rue de la Quarantaine, 18.

Lyon. — Imp. Em. VITTE, 18, rue de la Quarantaine.